La création de ce livre m'a demandé beaucoup d'efforts et de temps personnel. Je tiens donc à remercier Florence, ma femme, pour sa patience, sa compréhension, les encouragements et le soutien apporté.

Je souhaite également remercier Anne-Laure Jean, mon amie, pour le temps accordé à la relecture de la première version. Pour ses remarques et l'apport d'un regard extérieur d'une autre personne pratiquant les méthodes Agiles au quotidien.

Pour finir, je tiens à vous remercier vous, le lecteur, et de votre confiance, en achetant ce livre.

Merci et bonne lecture !

Tous droits réservés. Toute reproduction, même partielle du contenu, de la couverture ou des icônes, par quelque procédé que ce soit (électronique, photocopie, bande magnétique ou autre) est interdite sans autorisation par écrit de l'auteur.

Le code de la propriété intellectuelle interdit les copies ou reproductions destinées à une utilisation collective. Toute représentation intégrale ou partielle faite par quelque procédé que ce soit, sans le consentement de l'auteur ou de ses ayant cause est illicite et constitue une contrefaçon sanctionnée par les articles L335-2 et suivants du Code de la Propriété Intellectuelle.

Skunk Works®, Scrum®, Kanban®, Scrumban®, TDD®, ATDD®, BDD®, BDD®, XP®, Crystal®, Scrum of Scrum®, Nexus®, LeSS®, LeSS Huge®, Spotify®, DSDM®, SAFe®, DAD®, Toyota®, Chrysler® sont ou peuvent être des marques déposées dans un ou plusieurs pays. Je ne suis ni affilié, ni ne représente aucune de ces organisations.

Les informations présentes dans ce livre sont sans garanties et ne représentent que le point de vue de l'auteur.

ISBN : 9798733883489

Sommaire

Chapitre 1 : un peu d'histoire avec Skunk Works — 5

Chapitre 2 : Scrum — 7

Chapitre 3 : un mot sur Kanban — 11

Chapitre 4 : Scrumban — 15

Chapitre 5 : Le TDD, ATDD et BDD — 19

Chapitre 6 : Feature Driven Development (FDD) — 21

Chapitre 7 : Extreme Programming (XP) — 25

Chapitre 8 : Crystal — 29

Chapitre 9 : la notion de point d'effort et de dépendance — 33

Chapitre 10 : Scrum of Scrum (SoS) — 35

Chapitre 11 : Nexus — 39

Chapitre 12 : Large Scale Scrum (LeSS) et LeSS Huge — 43

Chapitre 13 : la notion de DevOps — 49

Chapitre 14 : le modèle Spotify — 51

Chapitre 15 : Dynamic Systems Development Method (DSDM) — 55

Chapitre 16 : SAFe (Scaled Agile Framework) — 59

Chapitre 17 : Disciplined Agile Delivery — 65

Chapitre 1 : un peu d'histoire avec Skunk Works

En 2011 aux États-Unis, 17 spécialistes du développement logiciel se sont réunis pour débattre du thème unificateur de leurs cadres de travail respectif, jusqu'alors appelées méthodes « lights ».
Dans l'esprit de beaucoup de personnes, les méthodes Agiles sont un nouveau mode de travail très récent mais les premières ont été formalisées dès les années 90.
La création du Manifeste Agile a permis à ces différents créateurs de définir une définition à minima de ces nouvelles méthodologies et de se regrouper au sein de l'Agile Alliance.

Mais si on retrace un peu l'histoire, on peut s'apercevoir que durant la Seconde Guerre Mondiale, une entreprise avait déjà commencé une mini révolution afin de pouvoir sortir un avion le plus rapidement possible : Lockheed Martin avec sa division Skunk Works.

Historiquement, Skunk Works est l'une des premières agilités documentée dans le monde de l'industrie. J'ai voulu commencer ce livre pour rendre hommage à cette méthode travail méconnue mais qui m'a beaucoup apporté professionnellement.

Un projet Skunk Works est un projet dirigé par un groupe de personnes relativement restreint et faiblement structuré qui développe un projet dans un souci d'innovation (Groupe restreint ? Faiblement structuré ? Ça vous rappelle quelque chose ?). Le terme est né avec le projet Skunk Works de Lockheed lorsque l'avion P-80 Shooting Star a été conçu par la Division des projets de développement avancés.

Les origines du projet P-80 remontaient au mois de juin 1943, lorsque les techniciens de l'USAF invitèrent Lockheed à réaliser un avion de combat monoplace propulsé par un turboréacteur.
A cette époque, les prototypes du Bell P-59 Airacomet (le premier avion à réaction de l'aviation militaire américaine) volaient déjà mais avec des résultats peu satisfaisants. Les ingénieurs de Lockheed, dirigé par Clarence L. Kelly Johnson, définirent un projet général en une semaine et demandèrent 6 mois de délai pour fabriquer le prototype. La livraison fut plus que respecté car le XP-80 vola le 8 janvier 1944, exactement 139 jours après le début des travaux.

Revenons à la définition de Skunk Works, actualisée par Everett Rogers (sociologue et statisticien américain, créateur de la théorie de la diffusion de l'innovation) :

Skunk Works est un environnement enrichi destiné à aider un petit groupe d'individus à concevoir une nouvelle idée en échappant aux procédures organisationnelles de routine.

Le terme fait maintenant généralement référence à des projets technologiques développés en semi-secret, comme Google X Lab. D'autres Skunk Works célèbres étaient Microsoft Research, les équipes spéciales de Boeing et celui d'Apple avec environ 50 personnes établi par Steve Jobs pour développer l'ordinateur Macintosh.

J'ai eu pour ma part la chance de travailler en Skunk Works au sein de la Direction de la Recherche et de l'Innovation Avancée chez Peugeot Citroën SA entre 2011 et 2014 pour un prototype de véhicule hybride essence / air comprimé.
Cela m'a donné le goût de l'agilité ! Le fait de travailler avec des équipes pluridisciplinaires m'a permis d'avoir une meilleure compréhension de bien des sujets.
Il n'y avait rien de mieux que de réfléchir à une fonctionnalité la veille, la développer le matin et voir ce qu'elle donnait sur véhicule l'après-midi même !

La suite de ce livre vous présentera différents cadres de travail agiles devant beaucoup à Skunk Works. Je n'ai pas cherché à faire un développement chronologique mais plutôt à les grouper suivant affinités (pour une équipe, par esprit de la méthode, par impact organisationnel). Bonne lecture.

Chapitre 2 : Scrum

En 2011, Jeff Sutherland et Ken Schwaber décrivent les principes de Scrum dans leur « Scrum Guide ». Ils la définissent comme un cadre de travail holistique itératif qui se concentre sur les buts communs en livrant de manière productive et créative des produits de la plus grande valeur possible.

Scrum est considéré comme un groupe de pratiques répondant pour la plupart aux préconisations du « Manifeste Agile » et définit les éléments clés ci-dessous sans vous dire comment les appliquer :
- Les sprints (itérations) et leurs évènements
- La composition de l'équipe : Product Owner, Scrum Master et équipe de développement
- Les artefacts : Product Backlog, Sprint Backlog, Incrément
- La Definition of Done ou DoD

La mise en pratique est définie par chaque équipe qui le met en place. Si les éléments clés ci-dessus sont toujours les mêmes, la façon de les mettre en place peut varier.

Le Sprint est le nom d'une itération dans Scrum. Cette itération dure 1 mois maximum. Pendant une itération, l'équipe doit développer la liste d'éléments du Product Backlog qui a été définie au début du Sprint dans le Sprint Backlog.

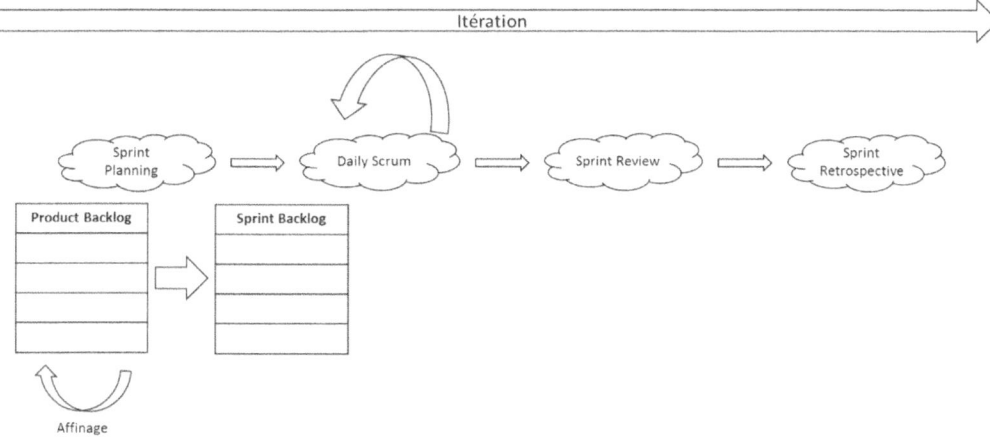

Le Product Owner s'occupe de produire et de maintenir à jour le Product Backlog qui référence les besoins clients. C'est lui qui détermine les priorités de développement et qui prend les décisions d'orientation du projet.

Le Scrum Master est un membre de l'équipe de développement. Sa responsabilité de la protéger des perturbations extérieures et de veiller à la bonne application de la méthodologie Scrum. En théorie, il n'a aucun pouvoir hiérarchique sur l'équipe mais doit être un facilitateur de résolution des problèmes non techniques de l'équipe.

La taille de l'équipe est comprise généralement entre 3 et 9 personnes pour Scrum. Elle gère également la Definition of Done qui doit indiquer clairement comment l'équipe considère qu'un élément du Sprint Backlog est fini. La DoD englobe également la qualité technique sur tous les éléments livrés afin que ces éléments puissent entrer en production chez les clients/utilisateurs finaux.

Le Sprint Planning permet de choisir les éléments du Product Backlog à développer. Ces éléments, devant apporter le plus de valeur au client, seront estimés en terme de charge par l'équipe et développés durant le Sprint.

Le Daily Scrum est la réunion journalière de l'équipe de développement (15 minutes maximum) pour faire le point sur ce qui a été fait depuis la veille, ce qu'il doit être fait aujourd'hui et quels sont les problèmes rencontrés durant le travail.

Le Sprint Review permet de présenter le travail effectué durant le dernier sprint aux parties prenantes du projet. C'est un moment clé pour communiquer les éléments d'avancement, les difficultés rencontrées, et surtout récupérer des retours utilisateurs.

Le Sprint Retrospective est un moment d'introspection de l'équipe : Qu'est-ce qui a fonctionné ? Qu'est-ce qui n'a pas fonctionné ? Comment pouvons-nous supprimer les obstacles lors du prochain sprint ? Chaque sprint doit être plus efficace que le précédent.

Je tiens à faire un focus sur le Product Backlog Refinement. Techniquement, il ne s'agit pas d'une cérémonie Scrum. Cette étape sert à affiner et ordonner le Product Backlog suivant la plus haute valeur, s'assurer que les items du backlog seront discutés et prêts au démarrage du prochain sprint et anticiper les impacts et activités à moyen terme (Sprint n+2/n+3).

Les participants sont le Product Owner (des experts, des Business Analysts, en bref toute personne nécessaire), le Scrum Master et les équipes de développement.

Une règle empirique est de faire ces sessions de 1 à 3 fois par sprint selon la durée du sprint et la durée des sessions. La seule règle officielle du Scrum

Guide est que cela ne doit pas prendre plus de 10% du temps de l'équipe qui doit y participer au complet.

A la fin des sessions, les éléments du Product Backlog passent en Ready s'ils ont été estimés et détaillés sur les conditions de satisfaction, les règles métier à appliquer dans leur développement, etc.

Pour finir, Scrum définit également 5 valeurs qui doivent être partagées par l'équipe (Scrum Master, Product Owner et équipe de développement) :

- **OPENNESS** : Communiquer en toute transparence sur le travail en cours et à faire. C'est communiquer en bienveillance sur ce qui peut être amélioré dans la collaboration et les outils au travers des rétrospectives de sprint qui ont pour but l'amélioration continue de l'équipe.
- **FOCUS** : Définir un objectif dans lequel chaque membre de l'équipe se reconnaît. Ceci permet de faire travailler tous les membres d'une équipe dans la même direction et d'éviter des conflits d'intérêts au cours de la collaboration.
- **COMMITMENT** : l'engagement fonctionne comme un objectif auquel une équipe motivée aspire. Le respect de cet engagement est crucial pour la motivation de l'équipe.
- **RESPECT** : Assumer ensemble les erreurs et célébrer ensemble les succès. Respecter l'autre en tant que personne compétente et indépendante. S'entraider et avancer vers un objectif commun
- **COURAGE** : Scrum préconise un environnement où l'échec est considéré comme une occasion d'apprendre. En travaillant par petites itérations, l'échec ne porte généralement pas à conséquence et procure à toute l'équipe des occasions d'apprendre et de grandir. Cette amélioration continue met à long terme l'équipe sur la voie du succès.

Scrum est une des méthodes les plus célèbres (certains diront la mieux vendue...) et a donné naissance à un nombre incalculable de méthodologies dérivées. Mais Scrum n'a pas été le premier cadre de travail agile défini comme nous allons le voir dans les prochains chapitres.

Chapitre 3 : un mot sur Kanban

Issu du monde l'automobile (Toyota) dans le but d'améliorer la gestion des flux, Kanban (étiquette en japonais) impose un système tiré par la consommation du client. Il s'agit de produire un produit demandé, lorsqu'il est demandé et dans la quantité demandée. Kanban n'est pas à proprement parler une méthode Agile mais y est tellement lié que je me devais d'en faire un chapitre.

Le concept de Kanban est basé sur une amélioration continue. Dans la méthode Kanban, il n'existe pas de rôles attitrés, ces derniers évoluent en fonction des besoins du projet et de l'organisation.
Kanban représente de manière visuelle la liste des tâches concernant un projet ainsi que leurs états d'avancement :

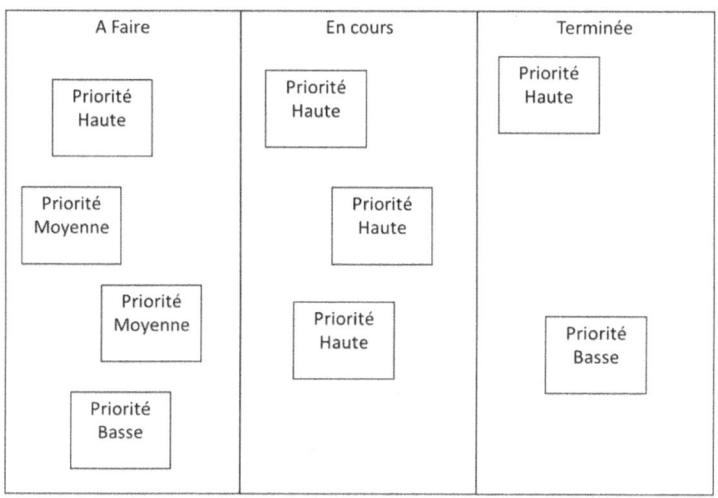

On peut voir la similarité avec Scrum dans le fait que Kanban améliore la transparence dans l'avancement des tâches. Historiquement, Kanban se pratiquait sur un tableau blanc avec des post-it mais aujourd'hui des outils sont disponibles sur ordinateur, au vu de la généralisation du télétravail.

Kanban définit 4 principes et 5 bonnes pratiques.

Le principe numéro 1 est de commencer par ce que vous faites aujourd'hui. Kanban doit s'ajouter à ce qui est déjà présent dans l'entreprise. Ne modifiez pas votre organisation actuelle et listez le travail en cours ou déjà définit pour le visualiser sur le tableau.

Le principe numéro 2 est d'appliquer des changements progressifs dans la manière de travailler de vos équipes. Kanban insiste sur la pédagogie pour éviter la résistance au changement. Si un petit changement ne fonctionne pas, analysez-le et corrigez ce qui a échoué. Un échec dans un petit changement n'est pas grave alors qu'un échec d'une transformation globale a des coûts faramineux (exemple, le logiciel de paie Louvois de l'armée française...).

Le principe numéro 3 est de respecter les rôles actuels et les processus actuels afin de ne pas avoir de conséquences négatives sur les projets en cours (retards, démotivation...). En implémentant de manière brutale de nouvelles méthodes, un impact désastreux sur les projets en cours peut avoir lieu et les personnes se sentir dépossédées de leur travail.

Le principe numéro 4 est d'encourager le leadership à tous les niveaux. Cela permet d'augmenter la productivité de l'équipe et leur implication. Les collaborateurs se sentent acteurs du changement.

La visualisation est la première bonne pratique. Afin de comprendre comment fonctionnent les dispositifs en place et connaître l'état du projet, il est essentiel de visualiser le workflow de l'équipe. Pour cela, utilisez un tableau dont chaque colonne représente une étape (à faire, ouvert, en cours, terminé...). Chaque tâche évolue jusqu'à ce qu'elle soit achevée.

La bonne pratique numéro 2 est la limitation du nombre de tâches en cours. Chaque étape du tableau ne peut contenir qu'un nombre maximum de tâches en même temps en fonction des capacités de l'équipe. Lorsqu'une tâche est terminée, une nouvelle peut alors être ajoutée dans la colonne associée. Limiter le nombre de tâches permet aussi ne pas effrayer l'équipe par l'ampleur des changements à apporter.

Suivre, mesurer et consigner le déroulement du travail à travers chaque étape du tableau est également une pratique recommandée. Le but est de connaître la vitesse et la fluidité du travail.

Une autre pratique conseillé est l'explication des processus. Les règles du système Kanban doivent être formulées clairement et sans ambiguïté afin de s'assurer que l'équipe comprenne le travail réalisé, les améliorations futures et emporter son adhésion.

La dernière bonne pratique est l'identification des axes d'amélioration. Une fois que l'équipe a compris les théories sur le travail, les processus et les risques, elle sera capable de discuter d'un problème ou d'un blocage auquel elle est confrontée et de trouver des améliorations à réaliser.

Kanban est extrêmement adaptable et c'est pourquoi on le retrouve très souvent lié à du Scrum classique pour la gestion du Sprint Backlog mais aussi à la création d'une toute nouvelle méthode nommée Scrumban.

Chapitre 4 : Scrumban

Scrumban aussi appelé Agile Kanban est une méthode alliant à la fois la méthodologie itérative, incrémentale et adaptive de Scrum et le process d'amélioration continue Kanban. Elle conserve l'approche très cadrée de Scrum tout en permettant de mener des projets en flux continus (vous comprenez pourquoi j'ai voulu parler de Kanban d'abord).

Scrumban applique une méthode de travail proche de celle de Kanban. Les principss de Scrum sont limitée, tout comme les tâches à effectuer, afin de permettre aux équipes de s'adapter et de modifier le plan d'actions si besoin.

La méthode se base sur une planification issue de la demande : les équipes ne prévoient plus des tâches pour un sprint complet mais les priorisent au fur et à mesure de l'avancement du projet et/ou de la demande.

On peut représenter Scrumban par le diagramme suivant :

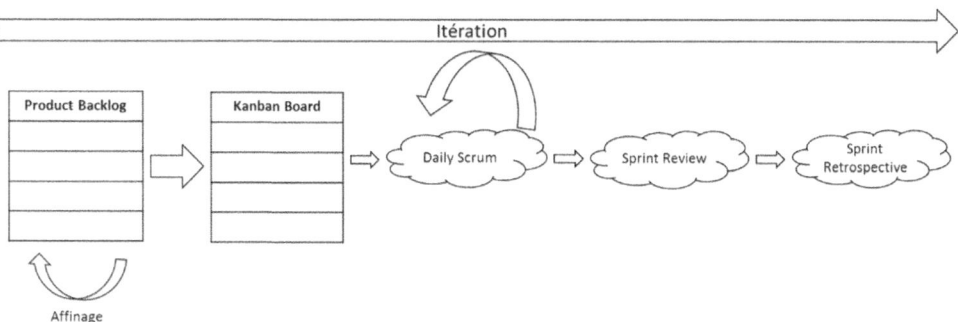

Pour comprendre Scrumban, il faut comprendre le concept de flux tiré qui est lié : le Product Owner alimentera la colonne to do du Kanban Board lorsque les développeurs auront besoin de travail. Il ne préparera pas le travail avant le Sprint et l'équipe ne définit pas de Sprint Backlog à partir des éléments du Product Backlog. Le Product Owner ne propose un nouvel élément de travail aux développeurs uniquement lorsqu'ils en auront terminé une. Il proposera le travail en temps réel.
Le Sprint Planning disparait au profit d'un objectif du Sprint où le Product Owner proposera à l'équipe de développement les objectifs qu'il souhaiterait que cette équipe atteigne.

Le tableau ci-dessous représente les différences entre Scrum, Scrumban et Kanban :

	Scrum	Scrumban	Kanban
Réunions	Daily Scrum, Sprint planning, Sprint Review, Sprint Retrospective	Daily Scrum (autres réunions si nécessaires)	Non défini
Artefacts	Product Backlog, Sprint Backlog et Incrément	Product Backlog, Tableau Kanban	Tableau Kanban
Itérations	Oui, principe de Scrum ☺ !	Oui mais travaux en continu à flux tiré	Travaux en continu à flux tiré
Equipe	Multifonctions	Spécialisée ou non	Spécialisée ou non
Rôles	Product Owner, Scrum Master, Dev Team	Team + ce qui peut être nécessaire	Non défini
Changements	Effectifs au prochain sprint	Dès que possible	Dès que possible
Estimation de la charge de travail	Oui	Non	Non
Product Backlog	Oui	Oui	Non
Sprint Backlog	Oui	Non	Non
Sprint Planning	Oui	Non	Non
Daily Scrum	Oui	Oui	Non
Sprint Review	Oui	Oui	Non
Sprint Retrospective	Oui	Oui si besoin	Non, amélioration continue

La méthodologie Scrum fait un focus sur le périmètre de l'itération et cela permet d'agir efficacement sans se disperser. Mais, quelques fois, le focus sur l'itération peut mener à oublier le projet sur son long terme.

Paradoxalement, pour une méthode Agile, Scrum peut être rigide ! Un développement n'est pas un long fleuve tranquille et les imprévus au cours d'un sprint sont nombreux (besoin de données en entrant qui sont manquantes, blocage, incertitude fonctionnelle, incidents prioritaires en production, indisponibilité des moyens...). L'équipe a besoin de souplesse pour s'adapter pendant le sprint et se permettre dans certains cas de redécouper, re-prioriser de la charge. Scrum se l'interdit parce que le Sprint Goal est figé.

A l'approche du Sprint Review, l'équipe de développement se concentre sur finir le sprint et livrer les fonctionnalités voulues en dégradant la qualité, ce qui peut cause de la dette technique qu'il faudra rattraper dans les Sprint suivants... Ne pas montrer ce qu'on avait prévu peut-être perçu comme un échec par l'équipe et diminuer sa confiance dans l'estimation du travail.
On peut aussi avoir le cas contraire où l'équipe a terminé ses tâches plus tôt que prévu et baisser le rythme. Tout ceci peut concourir à un rythme saccadé.

Scrumban fluidifie ce rythme en ajoutant dans la colonne À faire du sprint quelques nouvelles tâches chaque fois qu'elle se vide. Cela a plusieurs effets :
- Eviter le rush de la livraison (j'ai une anecdote vécue pour laquelle un respect de jour de livraison est tenu jusqu'à 23h59 ☺)
- Eviter la baisse de rythme
- Eviter la situation de pénurie où quelqu'un se retrouverait sans avoir à faire quelque chose

Scrumban n'a pas que des avantages : la méthodologie est nouvelle et il n'existe pas de standardisation de son implémentation.

Chapitre 5 : Le TDD, ATDD et BDD

Nous allons maintenant parler du Test Driven Development (TDD) qui est très lié aux méthodes Agiles. Certains considèrent TDD en lui-même comme une méthode Agile et d'autres comme une méthode de développement. Personnellement, je n'ai pas d'avis dessus, ayant assez peu pratiqué...

On ignore les origines claires de TDD mais cette méthode a été reformulé par Kent Beck dans son livre présentant « Extrem Programming ». Le processus de développement sous TDD comprend 3 étapes.

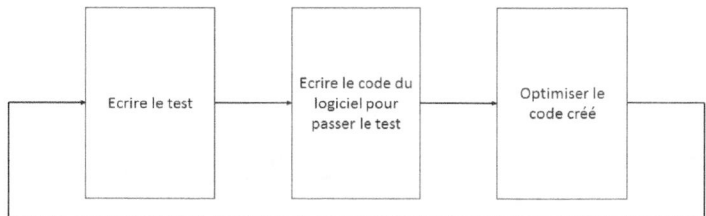

La première est l'écriture d'un test qui échoue en raison de l'absence du code de la nouvelle fonctionnalité, cela permet de valider le test.

Le développeur écrit ensuite juste assez de code pour passer le test et remanie le code pour améliorer le design et supprimer les possibles duplications afin d'obtenir une structure simplifiée et qui répond aux exigences du test.

Pour ses promoteurs, TDD simplifie également la documentation, car lors de l'écriture des tests pour les nouvelles fonctionnalités, les développeurs créent immédiatement une spécification stricte et détaillée incluant déjà toutes les actions des utilisateurs probables. Pour que le test unitaire soit complet et se comporte comme il convient, les développeurs doivent partir des Users Stories (actions successives des utilisatuers pour simplfier).

L'un des aspects les plus controversés de TDD concerne le fait que la méthode fasse gagner ou non du temps. Selon l'étude d'Eric Elliott (fondateur de Parallel Drive), la maintenance d'un logiciel développé sans TDD peut prendre deux fois plus de temps qu'une application créée avec TDD.

Vous pouvez retrouver son article en anglais sur le site www.medium.com sous le titre « The Outrageous Cost of Skipping TDD & Code Reviews ».

Lors de l'écriture d'un code sans TDD, les développeurs ont besoin d'un certain temps pour comprendre si le code fonctionnera correctement ou non. Avec TDD, lorsque les tests échouent là où ils devraient réussir, les développeurs comprennent immédiatement où sont les problèmes ce qui permet de gagner du temps.

Un autre argument supplémentaire est une publication IEEE Software, selon laquelle la mise en œuvre de TDD réduit le pourcentage de bogues de 40 à 80%. Il apparaitrait donc que moins de temps soit consacré à la correction des bogues ou à la phase de maintenance par rapport aux autres méthodologies de développement utilisées.

Mais TDD a aussi été critiqué car, pour certains, cette méthode se concentre sur le code et non pas sur la fonctionnalité que doit remplir le code. De nouvelles pratiques ont émergées comme le Acceptance Test Driven Development (ATDD) et le Behaviour Driven Development (BDD).

L'ATDD diffère par la mise en collaboration d'une développeur-testeur-client. ATDD définit des tests d'acceptation plutôt que des tests unitaires. La méthodologie ATDD est la suivante :
- Définir les tests avec le client
- Ecrire les tests fonctionnels
- Les passer et vérifier que le code échoue
- Coder la fonctionnalité
- Relancer le test et vérifier que le code est valide
- Optimiser le code complet de la fonctionnalité
- Vérifier la non-régression en repassant le test

Le BDD est très proche de ATDD et lui aussi englobe les pratiques TDD. BDD signifie que le développement est fait par rapport à un comportement voulu par l'utilisateur final alors que l'ATDD signifie que le développement est fait à partir du test d'acceptation définit avec l'utilisateur.

Chapitre 6 : Feature Driven Development (FDD)

FDD est une approche venant cette fois ci du monde bancaire. Plus ancienne que ATDD, BDD et Scrum, elle a été initié par Jeff De Luca en 1997.
J'ai choisi de lui consacrer un chapitre entier car contrairement aux méthodes « xDD » vues précédemment, FDD est une méthodologie complète même si peu connue. FDD a été créé pour répondre aux besoins d'une équipe composée de 50 personnes devant réaliser un projet en 15 mois.
Cette méthode a ensuite été affiné pour un second projet de 250 personnes sur 18 mois.
Bien moins populaire que SAFe ou Scrum, FDD a néanmoins lui aussi fait ses preuves. FDD a été introduit pour la première fois en 1999 dans le livre « Java Modeling In Color with UML ».

Comme tout méthodologie, FDD définit des principes :
1) Les processus internes doivent être simples pour êtes compris
2) La cohérence des processus doit être claire pour chaque membre de l'équipe
3) Les cycles de développement itératifs courts, de l'ordre de 2 semaines, sont préférés pour éviter les erreurs et augmenter rapidement les fonctionnalités du produit.

Chaque itération est composée de 5 étapes à tenir en 2 semaines avant livraison des fonctionnalités. Si une fonctionnalité met plus de 2 semaines, elle doit être décomposée. Voici le contenu d'une itération :

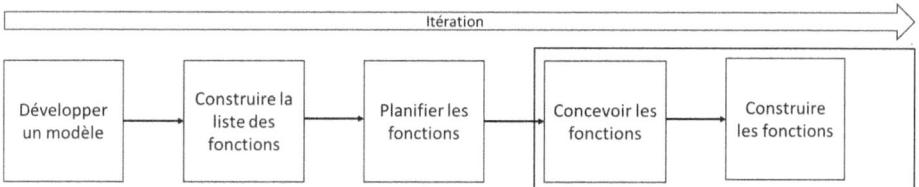

Il existe des rôles définis dans un projet FDD qui comme toute méthode agile inclut les utilisateurs finaux pour obtenir des retours.
Le Project Manager (PM) est chargé du reporting, des budgets et de la logistique nécessaire au développement des fonctions (FDD parle bien de fonction et pas de produit, une nuance avec Scrum).

Le Chief Architect (CA) est chargé de la modélisation complète de l'architecture du produit. Ce rôle est très important car il doit permettre le découpage des fonctions avant leur distribution aux équipes.

Le Development Manager (DM) est chargé de de l'activité des développements et de la planification des activités de réalisation des fonctions avec les Chief Programmers (responsables d'un groupe de 3 à 6 développeurs).

Les Class Owner sont les membres de l'équipe d'un Chief Programmer et chargés de développer, de tester et de documenter les fonctionnalités à réaliser. Chaque fonction développée dans une itération appartient à un groupe de Class Owner

Pour finir, les Domain Experts qui sont utilisateurs, sponsors etc. chargés d'identifier les besoins pour le produit.

FDD définit également des rôles de soutien aux équipes de développement. Les premiers sont les Testers, chargés de vérifier indépendamment que les fonctions du système correspondent aux exigences et que le produit exécute ces fonctions correctement.

Les Technical Writers rédigent et préparent la documentation nécessaire. FDD recommande également un Release Manager qui s'assure que les Chief Programmers rendent compte des progrès chaque semaine.

Enfin, dans le cas d'un logiciel en développement, on demande un Language Guru. Il sera le référent du langage de programmation ou la technologie spécifique. Dans les projets où un langage de programmation ou une technologie est utilisé pour la première fois, ce rôle a toute son importance. Toujours dans le cadre du logiciel, le Build Engineer es responsable de la configuration, de la maintenance des outils de compilation/build pour chaque version.

Un rôle très souvent oublié mais pratique est le Toolsmith. Il crée de petits outils de développement pour l'ensemble des équipes (mais oui, cette personne nécessaire qui code les macros sous EXCEL).

Enfin le System Administrator configure, gère et dépanne les serveurs et le réseau de postes de travail spécifiques à l'équipe projet.

La méthodologie diffère avec d'autres pratiques agiles. En premier lieu est l'absence de responsabilité collective dans le développement d'un produit, chaque groupe de Class Owner se concentre sur sa fonction.

FDD valorise la documentation plus que les autres méthodes, ce qui crée également des différences dans les rôles des réunions. Dans Scrum, les équipes se rencontrent généralement quotidiennement, dans FDD, les équipes s'appuient sur la documentation pour communiquer des informations importantes et se réunissent moins.

Mais cette méthode place une forte dépendance sur les Chiefs Programmers qui doivent être en mesure d'agir en tant que coordinateur, concepteur principal et mentor pour les nouveaux membres de l'équipe.

Mais les avantages de FDD sont nombreux. Cette méthode est particulièrement bien adaptée pour les projets complexes, beaucoup moins pour les petits projets. S'axer sur les fonctionnalités est adapté aux projets à long terme, qui changent continuellement, et qui ajoutent des fonctionnalités dans des itérations régulières et prévisibles.

Le processus est particulièrement simple et le développement du modèle global donne une compréhension approfondie de la portée et du contexte du projet.

Pour finir, cette méthode permet de travailler avec des développeurs de niveau et compétences très différents en permettant d'assigner des fonctionnalités faciles à une équipe novice.

Chapitre 7 : Extreme Programming (XP)

Née chez Chrysler (encore de l'automobile !), XP a été inventé par Kent Beck, Ward Cunningham, Ron Jeffries et Xavier Palleja lors de la réalisation d'un projet nommé C3 (Chrysler Comprehensive Compensation) servant à calculer les rémunérations.

Kent Beck commença à affiner cette méthode de développement utilisée sur le projet et XP a été formalisé 1999 avec le livre « Extreme Programming Explained ». Voici le schéma d'une itération XP :

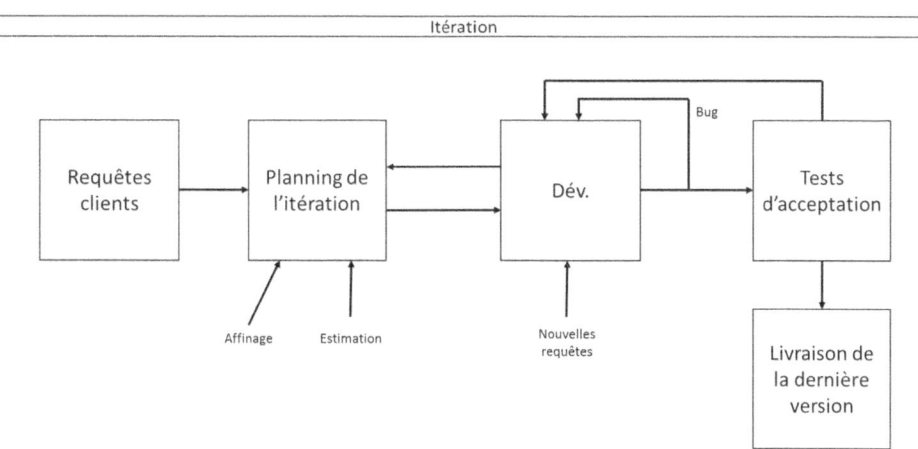

Scrum et Extreme Programming (XP) sont très proches mais il existe des différences.

La première concerne la durée de l'itération : Les équipes Scrum travaillent généralement en sprint qui durent un mois maximum alors que les équipes XP travaillent sur des cycles plus courts de 1 à 3 semaines.

La seconde est l'objectif de l'itération : Scrum interdit le changement dans un sprint (le Sprint Goal). Une fois le Sprint Planning terminé, l'engagement sur les éléments sélectionnés du Product Backlog reste inchangé jusqu'à la fin du sprint (sauf s'il est décidé de l'annuler).

Les équipes XP, elles, ne s'interdisent pas de changer au cours de leurs itérations. Tant que l'équipe n'a pas commencé à travailler sur un élément, une nouvelle fonctionnalité de taille équivalente (estimée par l'équipe) peut être échangée.

En troisième est la priorisation des tâches. Dans Scrum, les équipes de développement choisissent dans quel ordre développer ce qui est souhaité dans le sprint. En XP, non.

Pour finir, les pratiques de développement : dans Scrum, l'équipe s'organise pour réaliser le travail. XP impose un développement piloté par les tests, la programmation par duo (un qui écrit, l'autre qui lit) ou encore insiste sur l'automatisation des tests.

Contrairement à Scrum, XP ne définit pas de rôles ou de responsabilité mais par empirisme, on retrouve des éléments très proches que sont le Customer, les Developers, le Tracker et le Coach.

Le Customer est chargé de prendre toutes les décisions commerciales concernant le projet, y compris :
- Que doit faire le système (les fonctionnalités et ce qu'elles permettent) ?
- Quand savoir que le système est terminé (les critères d'acceptation) ?
- Combien devons-nous dépenser (quel est le financement disponible, quelle est l'analyse de rentabilisation)?
- Que devons-nous faire ensuite (dans quel ordre livrons-nous ces fonctionnalités)?

XP demande à ce que le Customer fasse partie de l'équipe. Mais l'expérience a montré qu'une seule personne ne peut pas fournir de manière adéquate toutes les informations commerciales relatives à un projet. Scrum remédie à ce problème par l'établissement de la Sprint Review pour obtenir des retours des parties prenantes.

Le Coach est une personne ayant déjà utilisé XP. Son rôle est d'aider à encadrer les autres membres de l'équipe sur les pratiques XP et à maintenir une autodiscipline dans le développement.

Le Tracker n'est pas un rôle obligatoire pour votre équipe et n'est généralement établi que si votre équipe détermine un réel besoin de garder une trace de plusieurs métriques. Il est néanmoins intéressant d'avoir des métriques sur la vélocité, les raisons des changements de vélocité, le nombre d'heures supplémentaires travaillées et la réussite des tests.

XP utilise aussi la notion de TDD mais va plus loin en incluant la systématisation des tests automatisés : unitaires, fonctionnels, d'intégration, de performance...

L'acronyme FIRST est souvent utilisé pour caractériser les tests en XP : FAST, INDEPENDENT, REPEATABLE, SELF-VALIDATING et TIMELY.

La notion du 10 Minutes Build est aussi une pratique d'ingénierie recommandée. Elle demande que la compilation et les tests automatiques doivent être passés en 10 minutes. Les fondateurs de XP ont suggéré un délai de 10 minutes, car si une équipe a un Build plus long, les tests sont moins susceptibles d'être exécutés fréquemment. Bien évidemment, il s'agit juste d'une recommandation.

XP cherche une simplicité absolue dans la rédaction du code et demande l'application de deux méthodes dites YAGNI et DRY.

« You ain't gonna need it (YAGNI) » : tant qu'une fonctionnalité n'est pas demandée, elle ne devrait pas être mise en œuvre afin d'éviter tout travail inutile (on ne cherche pas à anticiper les demandes du client)

« Don't repeat yourself (DRY) » : éviter les doublons et créer le code de manière à ne devoir procéder qu'à une seule modification si besoin est.

La Programmation en binôme (Pair Programming) est également une des caractéristiques de XP. Cela consiste à développer à 2 sur un même poste. La personne qui rédige le code est appelée conducteur (Driver). La seconde personne, appelée observateur (Observer), assiste le conducteur en décelant les imperfections, en vérifiant que le code implémente correctement le design et en suggérant des alternatives de développement. Dans les faits, cette technique est employée dans 2 cas :
- Aider un membre de l'équipe rencontrant des difficultés
- Assurer la montée en compétence de nouveaux développeurs

Des études ont prouvé le bienfait de cette méthode et d'autres parlent d'un gâchis de ressources en invoquant que toutes les études étaient biaisées. De mon point de vue, la vérité est entre les deux.

Je trouve la programmation par paire intéressante une fois que le code a été écrit. Demander une relecture à une autre personne est toujours utile et rester à regarder l'écran d'une autre personne peut faire vite décrocher...

L'intégration continue est une autre des pratiques d'ingénierie de XP : les modifications de code sont immédiatement testées lorsqu'elles sont ajoutées à une base de code plus large.

Quiconque ayant codé sait que l'étape d'intégration est délicate (analyse des bugs...). La plupart des équipes adoptent l'approche « si ça fait mal, évitez-le le plus longtemps possible ». Les praticiens de XP suggèrent « si ça fait mal, faites-le plus souvent ».

Le raisonnement derrière cette approche est que si vous rencontrez des problèmes à chaque fois que vous intégrez du code, et que cela prend du temps pour trouver où se trouvent les problèmes, vous devriez peut-être intégrer plus souvent afin d'avoir moins de code à analyser. Cette règle d'intégration continue est fortement liée au « 10 Minutes Build ».

XP est une méthode complète, mais contrairement à Scrum qui peut être généralisé sur d'autres produits, XP ne traite que du monde du logiciel.

Chapitre 8 : Crystal

La méthode Crystal Clear a été développé par Alistair Cockburn (corédacteur du Manisfete Agile) au milieu des années 1990. Cette méthode a été développée de manière itérative suite à des interviews d'équipes ayant réussi à sortir des projets en temps et en heure.
Contrairement à d'autres méthodologies, Crystal évite de définir des rôles. En effet, Cockburn, de par son expérience personnelle, a établi ceci :
- Les humains sont des êtres sociaux, plus efficaces en face à face, avec des questions et des réponses en temps réel
- Les personnes peuvent agir à certains moments de manière incohérente
- L'attitude des personnes peut être variable d'un jour et/ou d'un lieu à l'autre
- Les personnes ont besoin de sens, veulent pouvoir prendre des initiatives pour que les projects fonctionnent.

De par ses recherches, Alistair Cockburn a défini que la réussite d'un projet est conditionné via 7 propriétés à respecter :
- Des livraisons fréquentes : pouvant aller à des livraisons hebdomadaires voire trimestrielles suivant le type de projet.
- Une amélioration continue de l'équipe : analyse des problèmes auxquels elle fait face
- Une communication interne de l'équipe : Cockburn indique qu'au-delà de 8 personnes, il y a perte (Scrum conseille des équipes de 9 personnes maximum). En réunissant l'équipe, chaque membre sait ce que font les autres et doit donc être en mesure de prendre en charge les parties du projet de son coéquipier si nécessaire (similaire au Daily Scrum)
- Un sentiment de sécurité : les membres de l'équipe doivent pouvoir se faire confiance et se sentir libres de parler des problèmes ou de tout ce qui survient.
- Le Focus : à la fois sur les tâches individuelles mais aussi la direction du projet doit être claire
- L'accès aux clients/utilisateurs finaux expérimentés : les développeurs doivent pouvoir travaillent avec une un utilisateur réel et pas seulement un testeur de l'équipe de développement.

Crystal recommande au moins 2 heures par semaines (Scrum fait ceci lors de la Sprint Review).
- Un Environnement technique avec tests automatisés, des méthodes de gestion de la configuration et intégration fréquente des logiciels.

Nous allons maintenant faire un petit éclaircissement sur la notion de Focus : comme dit précédemment, le Focus dans Crystal fait référence à la fois :
1) À la tâche individuelle dans un projet pendant suffisamment de temps pour que des progrès soient réalisés
2) À la direction dans laquelle le projet se dirige.

Le premier Focus consiste à offrir au développeur un environnement serein afin de minimiser les problèmes qui pourraient l'affecter tels que les interruptions, les réunions, le bavardage, les longues questions, les appels téléphoniques, etc. Après une interruption, suivant les personnes, il faut parfois un certain temps pour revenir sur le sujet.

Crystal définit deux règles pour traiter ces problèmes. La première consiste à définir une période de deux heures pendant laquelle le développeur ne doit subir aucune interruption. L'autre consiste à affecter un développeur à un sujet pendant au moins deux jours avant de passer à une autre tâche.

Le deuxième sens du focus doit servir à éclaircir les définitions des objectifs afin que le travail mené ait un sens. Les définitions doivent être claires et les développeurs doivent savoir exactement ce qu'on attend d'eux.

D'un point de vue communication, Cockburn a été l'origine d'un terme appelé Osmotic Communication :

Osmotic communication means that information flows into the background hearing of members of the team, so that they pick up relevant information as though by osmosis. (Cockburn, 2005)

De manière simple, la communication osmotique est l'écoute accidentelle d'informations dans votre environnement qui peuvent par la suite devenir importantes pour vous. Typiquement, au cours d'un café entre collègues ☺.

Comme toute méthode Agile, Crystal s'est ensuite heurté au mur de la complexité des projets demandant plus de 10 personnes. Crystal a donc évolué et nouveaux outils ont donc été proposés pour répondre à ce défi.

Clear	Jaune	Orange	Rouge	Marron	Diamant
6 personnes	20 personnes	40 personnes	80 personnes	80+	200+

Taille de l'équipe

Crystal Clear jusqu'à 6 personnes et pour des projets de faible complexité.
Crystal Jaune pour 7 à 20 personnes. Contrairement à Scrum, il n'y a pas de propriété collective du produit. Si des modifications sont nécessaires, seule la personne qui possède cette partie du produit s'en chargera.
Crystal Orange pour des projets nécessitant de 21 à 40 personnes avec des projets planifiés de 1 à 2 ans. Les équipes sont réparties selon leurs compétences fonctionnelles avec des livraisons requises tous les 3-4 mois.
Crystal Red pour des projets nécessitant 40 à 80 personnes. Même principes que Orange.
Crystal Marron pour des projets nécessitant de 80 à 200 personnes. Même principes que Orange.
Crystal Diamant et Saphir sont utilisées pour les projets très critiques et à grande échelle. Leurs équipes et leurs stratégies sont décidées en fonction de la criticité du projet. Ces projets impliquent un risque potentiel de vie humaine.

Il existe assez peu de bibliographie ou de témoignages sur les méthodes Crystal en dehors de Crystal Clear mais les travaux de Cockburn ont été parmi les premiers à indiquer qu'il fallait favoriser la communication ad-hoc, chose reprise par Scrum.

Chapitre 9 : la notion de point d'effort et de dépendance

Les chapitres suivants seront consacrés à des méthodes Scrum à l'échelle. Afin de pouvoir aborder ces méthodologies, il faut comprendre la notion de points d'effort utilisée dans beaucoup d'équipes Scrum.
Dans Scrum, lors du Sprint Planning, les éléments du Product Backlog sont estimés par l'équipe en termes d'effort. L'une de ces méthodes les plus populaires est nommée le Poker Planning.

Le Poker Planning permet de faire des estimations lorsqu'il n'y a pas de références sur le projet. Cette technique a été créé en 2002 par James Grenning puis popularisée par Mike Cohn dans son livre « Agile Estimating and Planning ».
Chaque personne de l'équipe dispose de plusieurs cartes pour réaliser son estimation des tâches à effectuer. Les nombres sur les cartes représentent une progression non linéaire basée sur la suite de Fibonacci, où chaque nombre est la somme des deux précédents : 1, 2, 3, 5, 8, 13 et par la suite les chiffres 20, 40 et 100. Le symbole ∞ est utilisé quand l'estimateur pense que le scénario vaut plus de 100 unités et on peut utiliser une carte avec un point d'interrogation lorsqu'on ne sait pas estimer le scénario.

A chaque nouvelle tâche, chaque membre de l'équipe pose sa carte en même temps que les autres et explique, pourquoi d'après lui, cette tâche vaudrait tant d'efforts. L'estimation est également croisée car plusieurs personnes l'ont validée : des estimateurs avec des niveaux d'expérience, des compétences et de l'expertise différents. La technique du Poker Planning favorise également les échanges entre les membres de l'équipe projet, et par la suite, de déterminer la vélocité de l'équipe.

En Agilité à l'échelle, certaines des méthodes suivantes chercheront à utiliser plusieurs équipes Scrum qui auront des notions d'efforts différentes et des vélocités, c'est-à-dire la capacité à accomplir des tâches en un temps donné, différentes.

Nous allons maintenant introduire une notion clé dans ce livre à laquelle tout projet complexe est confronté : la notion de dépendance. Pour faire simple :

La dépendance est le fait pour une équipe B de ne pas pouvoir commencer des travaux avant que l'équipe A ait terminé.

La dépendance peut engendrer des retards, des complications, des besoins de coordination entre les équipes. L'une des plus grandes caractéristiques du Cycle en V est la dépendance à chaque étape. Chaque petit retard cumulé en amont peut provoquer des résultats catastrophiques en aval.

Chapitre 10 : Scrum of Scrum (SoS)

Historiquement, Scrum of Scrum est la première variante de la méthode Scrum à l'échelle. Ce modèle de gestion de projet à grande échelle permet de faire travailler jusqu'à 9 équipes Scrum. La notion de Scrum of Scrum apparait pour la première fois dans le livre « Agile Can Scale : Inventing and Reinventing SCRUM in Five Companies ».

Les caractéristiques du modèle SoS sont basées sur des estimations de la complexité des tâches plutôt que des prédictions en temps.

En SoS, afin de pouvoir coordonner ce que peuvent produire les équipes, la nation de ratio d'effort est introduite. Ce nombre n'est pas magique et ne sort pas du chapeau. Le ratio d'effort est construit de la manière suivante :
- Une évaluation du travail des équipes sur les 3 derniers sprints.
- Un calcul de la vélocité moyenne de chaque équipe.
- Le calcul de la moyenne des durées des itérations de chaque équipe.
- Un ratio sera attribué à chaque en divisant les moyennes de jour par celles des vélocités

Grâce au Poker Planning, chaque tâche aura une complexité qui sera estimée et via le ratio d'effort, un Point d'Effort pour livraison lui sera attribué. Prenons l'exemple de 3 équipes dans notre SoS. Les ratios estimés sont les suivants :
- Equipe 1 : 0.3
- Equipe 2 : 0.75
- Equipe 2 : 1.2

La tâche à mener TotoDémo est estimée de complexité 3. Pour chaque équipe, nous avons donc le résultat suivant :
- Equipe 1 : 0.3 x 3 = 0.9
- Equipe 2 : 0.75 x 3 = 2.25
- Equipe 3 : 1.2 x 3 = 3.6

Ce calcul est à répéter pour chaque élément du Product Backlog. Le Sprint Release est une introduction de SoS, il s'agit en sorte d'un super Sprint englobant les travaux de toutes les équipes. En répétant le calcul de point d'effort pour chaque élément, nous pouvons distribuer les tâches en respectant la date de livraison de chaque sprint mais en respectant la durée des sprints de chaque équipe :

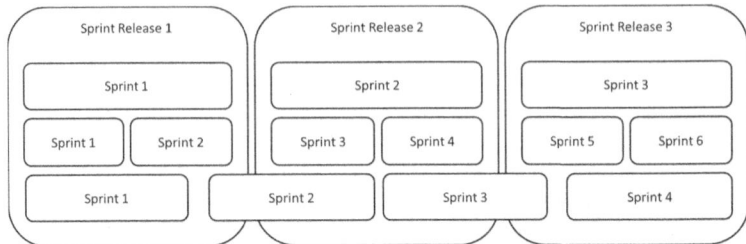

Si je veux que TotoDémo soit livrée pour mon Sprint Release 1, il faut absolument que je la confie à l'équipe 1, mais si je n'ai pas de tâche occupant ces 0.1 à lui confier, je perds 10% de sa capacité pour ce Sprint Release...A charge du Product Owner et de la Product Owner Team (que nous allons voir tout de suite !) de faire en sorte que ces 10% servent pour le Sprint Release suivant.

SoS introduit de nouveaux rôles, de nouveaux meetings et de nouveaux artefacts. Comme vu précédemment, l'un des nouveaux éléments est la notion de Sprint Release gérée par la Product Owner Team.

Une nouvelle équipe est la Product Owner Team composée de chaque Product Owner des équipes. Cette équipe cherche à aligner les priorités des équipes avec le backlog unique du projet SoS. Ensuite, chaque Product Owner est chargé de la composition et de la priorisation du Product Backlog de son équipe et récupère des éléments du Product Backlog global du SoS.

La Product Owner Team doit créer une vision globale du produit et la rendre visible pour l'organisation.
Tout comme un Product Owner classique, elle construit ce backlog avec les parties prenantes pour garantir que les éléments de plus haute valeur soient livrés en premier.
L'un des rôles clés du SoS Product Backlog est d'éliminer absolument toutes les dépendances entres les équipes, assurer la non duplicité du travail et que les blocages et les dettes techniques sont proprement priorisées dans le backlog.
La Product Owner Team doit aussi créer une Definition of Done minimale et uniforme qui s'applique à toutes les équipes. Chaque équipe aura ensuite sa propre DoD mais elle devra toujours, à minima, respecter celle de la Product Owner Team.

Vous vous souvenez juste au-dessus de notre exemple de la tâche TotoDémo qui utilisait 90% du Spint de l'équipe numéro 1 ? Il restait 10% du temps à utiliser ! Pour éviter la perte de temps dans les équipes, la Product Owner Team se doit de générer un plan de livraison (Release Plan) coordonné et prévoyant des activités au-delà du plan de livraison du Sprint en cours.

Tout comme un Product Owner, cette équipe doit aussi créer et monitorer les métriques qui donnent une vision précise du produit et du marché.
La Product Owner Team est elle-même une équipe Scrum qui travaille avec son Scrum of Scrum Master et son Chief Product Owner chargé du SoS Product Backlog.

Le Chief Product Owner a les mêmes responsabilités que celles d'un Product Owner (PO) au sein d'une équipe, mais, à l'échelle. Son Product Baclog a néanmoins une nuance avec un Product Backlog classique. Les éléments le composant sont généralement de gros Items de Backlog de Produit qui auront besoin d'un raffinement et d'une décomposition par les membres de l'équipe.
Le Chief Product Owner travaille étroitement avec le Scrum of Scrums Master pour faire en sorte que Sprint Release de la Product Owner Team génère soit déployable de manière efficiente. Il cherche à optimiser la valeur tout simplement comme un Product Owner classique.

Le Scrum Master du Scrum of Scrums est responsable de la livraison de l'effort des équipes. Son rôle est toujours celui d'un Servant Leader et facilitateur mais à grande échelle. Très souvent, on lui demande de rendre les avancements visibles, d'anticiper les obstacles visibles au niveau de l'organisation. L'un des rôles compliqués est la priorisation des obstacles, mais aussi de suivre les dépendances transversales entre les équipes. Mais comment accomplir tout ça ? Grâce au SoS Meeting et au SoS Backlog.

La coordination des différentes équipes se fait dans le cadre du SoS Meeting. Sa fréquence peut aller de la réunion quotidienne à une fois par semaine à minima. Chaque équipe Scrum désigne un ambassadeur pour assister à la réunion SoS Meeting.
Si les problématiques, dont une équipe particulière veut discuter, sont très techniques, l'ambassadeur et un membre de l'équipe techniquement qualifié peuvent y assister. Généralement, les ambassadeurs sont les Scrum Master de chaque équipe, mais ce n'est pas obligatoire.

La réunion SoS Meeting se déroule de manière très similaire à la réunion Daily Scrum mais n'est pas limitée à une période de quinze minutes. Chaque ambassadeur d'équipe doit répondre aux questions suivantes afin que le SoS Master puisse prioriser les obstacles :
- Qu'a accompli votre équipe depuis notre dernière réunion ?
- Quels problèmes sont survenus et qui ont affecté votre équipe ?
- Qu'est-ce que votre équipe souhaite accomplir avant de nous revoir ?
- Selon vous, quels résultats de votre équipe dans les futurs sprints pourrait interférer avec le travail des autres équipes ?
- Votre équipe voit-elle des problèmes d'interférences provenant du travail d'autres équipes ?

Le but de la SoS Meeting est d'assurer la coordination et l'intégration des résultats des différentes équipes en éliminant tous les obstacles. On peut par exemple prendre comme décision de faire travailler de manière plus forte deux équipes pendant un certain temps, de renégocier les domaines de responsabilité. Pour garder une trace de tout cela, il est important que le SoS dispose de son propre backlog à maintenir par le SoS Master.

Un grand débat concerne la fréquence à laquelle doit être tenue la SoS Meeting. Pour ma part, je serai pragmatique : tôt dans un projet, la tenir quotidiennement. Tout le monde se cherche et les processus se mettent en place. Vers le milieu de vie du projet, on passerait à deux fois par semaine et vers la fin de manière quotidienne. Mais ce ne sont pas des règles absolues.

Je tiens à apporter une dérive qu'on constate sur le SoS Meeting. Le SoS Meeting NE DOIT PAS devenir une simple réunion d'avancement et ignorer les problèmes des équipes !

Pour résumer, en SoS, nous avons, par rapport à un Scrum classique, les éléments suivants en plus :
- Un Chief Product Owner
- La Product Owner Team
- Le SoS Master
- Les Ambassadeurs
- Le SoS Product Backlog
- Le SoS Backlog
- Le SoS Meeting
- Le SoS Release

Mais on cherche toujours à rationaliser le nombre de postes nécessaires dans un projet. De nouvelles méthodes ont donc été proposées pour répondre à ce défi.

Chapitre 11 : Nexus

La méthodologie Nexus a été créé en 2015 par Ken Schwaber (co-créateur de Scrum) avec pour base Scrum (pour information, le guide a été remis à jour en 2018). Nexus ajoute une équipe spécialement pour la coordination du déroulement du Sprint : l'Equipe d'Intégration Nexus.

Nexus est fait pour coordonner au maximum 9 équipes Scrum, tout comme Scrum est fait (conseillé mais pas obligatoire…) pour coordonner 9 personnes (la limite étant qu'au-delà de 9 les interactions sont trop contraignantes). Tout d'abord, présentons le diagramme d'un Sprint Nexus :

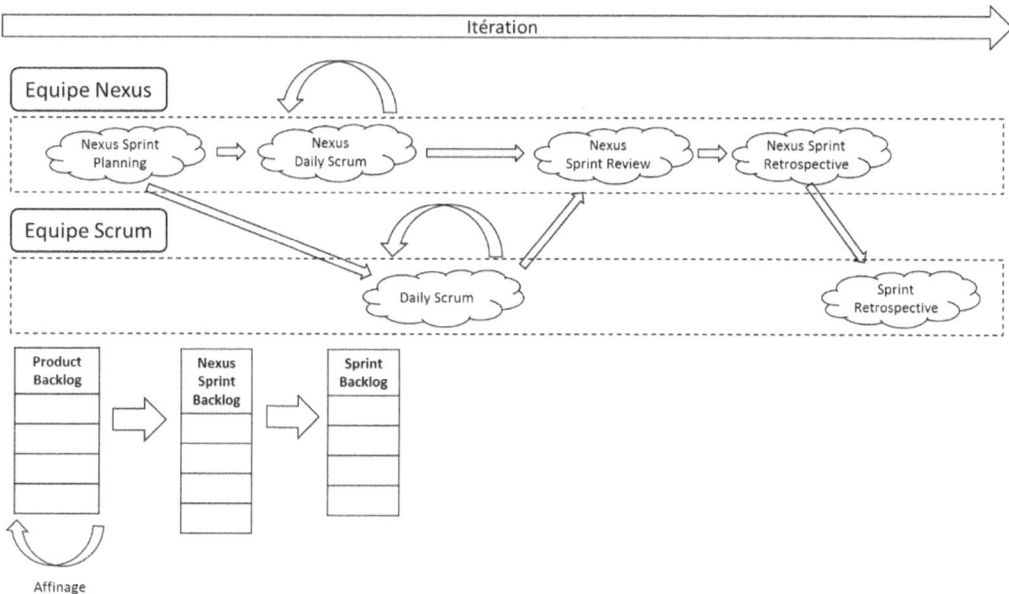

L'équipe d'intégration Nexus est composée du Product Owner, d'un Scrum Master (ce dernier pouvant être Scrum Master dans une équipe contrairement à SoS où il a un rôle dédié) mais aussi des ambassadeurs, qui ne sont pas nommés comme tels dans la méthode, issus de chacune des équipes. Ces ambassadeurs doivent donner une priorité aux évènements Nexus par rapport aux évènements Scrum de leur propre équipe.

Nexus adopte une approche à la fois semblable via cette équipe de coordination et différente par rapport à SoS. Nexus reste assez souple en terme de constitution d'équipe. Il est possible de constituer une équipe qui sera la plus adaptée pour des tâches spécifiques.

Dans Nexus, on retrouve une itération de Scrum. En effet, c'est très proche mais si on regarde bien, on se rend compte que certaines cérémonies ont été changé ou ajouté. Mais attention, chaque équipe Scrum composant le Nexus doit garder ses meetings sauf la Sprint Review qui est remplacée par la Nexus Sprint Review pour tout le monde.

Le fait de travailler sur plusieurs équipes peut créer de la dépendance. Comme dans SoS, il existe une phase d'affinage du Product Backlog afin de répartir le travail pour que chaque équipe soit au maximum indépendante dans son développement.
Contrairement à SoS, il n'existe pas plusieurs Product Backlog mais un seul dans lequel les représentants créent un Nexus Sprint Backlog qui sera subdivisé en Sprint Backlog pour chaque équipe. L'objectif est que l'ensemble des Sprints de chaque équipe soient alignés avec le Nexus Sprint. On constate là encore un écart par rapport à SoS ou chaque équipe pouvait définir sa propre itération.

Une des manières de répartir le travail de manière efficace est d'utiliser la notion de Point d'effort vue précédemment en SoS afin de garantir que les équipes soient gérées de manière efficace. Mais Nexus ne recommande pas cette pratique dans le guide officiel.

Au cours du développement, les Daily Meeting auront lieu. Dans la Daily Scrum Nexus, chaque équipe est représentée par 1 ou 2 ambassadeurs si besoin. Ils viendront exposer le travail réalisé à l'ensemble des autres ambassadeurs, une fois par jour. Le but sera de partager un maximum d'informations entre les équipes ainsi que les problèmes et dépendances rencontrés. Afin de mener la réunion, tout comme en SoS, on posera les questions classiques :
- Le travail du jour précédent a-t-il été intégré ?
- Votre équipe voit-elle des problèmes d'interférences ou des dépendances provenant du travail d'autres équipes ?
- Quelles informations doivent être partagées ?

Juste après la Daily Scrum Nexus, les équipes se rejoignent pour effectuer leur Daily Scrum propre. Les ambassadeurs doivent exposer les problèmes expliqués lors de la Daily Scrum Nexus afin de les régler au plus vite.

A la fin de l'itération se déroule la Sprint Review Nexus. L'ensemble des équipes se retrouvent avec le Product Owner pour présenter l'ensemble de l'Incrément réalisé. Comme pour une Sprint Review classique, les ajustements du Product Backlog sont proposés à ce moment-là. Cette revue remplace toutes les Sprint Review individuelles.

La Nexus Retrospective se déroule ensuite et les ambassadeurs de chaque équipe, avec l'équipe d'intégration, font ensemble une analyse globale du Sprint qui se termine. Après cette revue, chaque équipe fait sa revue propre avant de revenir en Nexus Retrospective. Le Nexus Guide fait un focus important sur la Nexus Retrospective. Elle est composée de 3 parties qui sont :
- Rendre visibles les problématiques ayant impacté plus d'une équipe (sinon, on traite ceci dans les Retrospectives uniques
- Mener les Retrospectives de chaque équipe qui utiliseront les informations de la première partie comme point d'entrée
- La troisième partie demande aux ambassadeurs de revenir au tour de la table et de s'accorder sur la manière de rendre visible et comment suivre les actions identifiées.

Le Nexus Guide indique que la Nexus Retrospective doit faire un focus sur les questions de dette technique, d'intégration des Incréments propres à chaque équipe ainsi que sur les tests pour éviter les problèmes de dépendances.

Tout comme SoS, Nexus a une Definition of Done qui est exactement la même : la Nexus Integration Team crée une Definition of Done minimale et uniforme qui s'applique à toutes les équipes. Chaque équipe aura ensuite sa propre DoD mais elle devra toujours, à minima, respecter celle-ci.

Chapitre 12 : Large Scale Scrum (LeSS) et LeSS Huge

Créé par Bas Vodde et Craig Larman en profitant de leurs différentes expériences dans le monde des télécoms, LeSS a vu sa première version complète en 2013. Les créateurs insistent sur le fait que « Large Scale Scrum is Scrum ». LeSS cherche également, une approche Lean dans la méthodologie :

Nous ne voulons pas plus de rôles, car plus de rôles entraîne moins de responsabilités pour les équipes. Nous ne voulons pas plus d'artefacts, car plus d'artefacts entraîne une plus grande distance entre les équipes et les clients. Nous ne voulons pas plus de processus, car cela entraîne moins d'apprentissage et d'appropriation du processus par l'équipe.
Au lieu de cela, nous voulons des équipes plus responsables en ayant moins (moins) de rôles, nous voulons des équipes plus axées sur le client qui créent des produits utiles en ayant moins d'artefacts, nous voulons plus d'appropriation des processus par l'équipe et un travail plus significatif en ayant des processus moins définis. Nous voulons plus avec moins.

LeSS fonctionne avec un seul Product Owner comme Nexus et défini beaucoup moins de réunions que les méthodes précédentes. Le schéma suivant présente un LeSS de 4 équipes Scrum (LeSS conseille entre 4 et 8 équipes) :

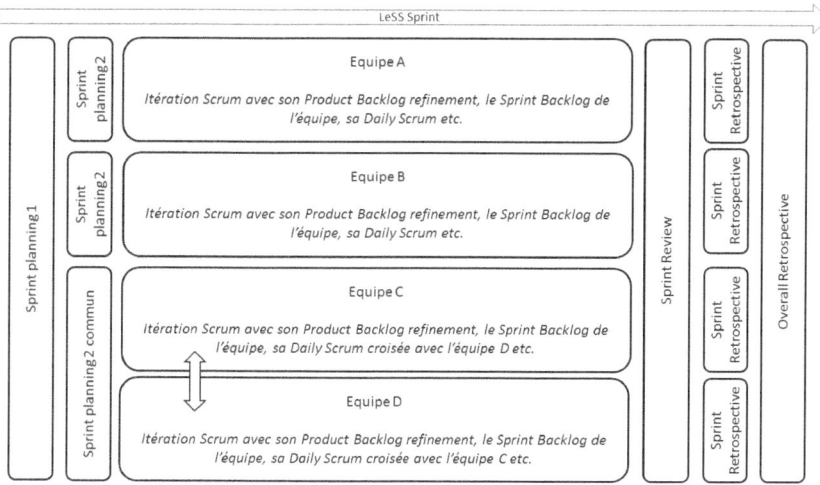

LeSS introduit seulement 2 nouvelles cérémonies : le Sprint Planning 1 (techniquement le Sprint Planning 2 est le Sprint Planning classique de Scrum) ainsi que le Overall Retrospective.

L'une des nouveautés de LeSS est la présence d'observateurs et d'ambassadeurs dans le cas ou des équipes doivent travailler en commun. En conclusion, LeSS réussit son pari et ajoutant seulement 2 cérémonies et 2 nouveaux rôles. Voyons maintenant un Sprint Less.

LeSS utilise un seul Product Owner pour l'ensemble des équipes. Lors du Sprint Planning 1, le Product Owner fera une Sprint Planning avec :
- S'il y a seulement 2 équipes dans le LeSS, l'ensemble des personnes
- Dans le cas contraire, chaque équipe enverra 1 ou 2 ambassadeurs (qui ne seront pas les Scrum Master)

Contrairement à SoS, en LeSS, les équipes se répartissent les tâches du Product Backlog entre elles. Au vu de la complexité des tâches, les équipes/ambassadeurs définissent si elles ont besoin de faire un Sprint Planning 2 à plusieurs (s'ils doivent travailler ensemble sur des fonctionnalités) ou si les tâches choisies peuvent être gérées par une seule équipe.

Comme en Scrum unitaire, il y a besoin de faire un Product Backlog Refinement. D'un point de vue empirique, sous LeSS, on en effectue 2. Un premier de haut niveau entre le Product Owner et les ambassadeurs et un deuxième au sein de chaque équipe (ou commun si les équipes travaillent entre elles). On rappelle encore une fois que l'affinage des exigences/User Stories/etc. ne concerne jamais le Sprint en cours mais le prochain !

Le Daily Scrum se déroule de manière classique mais là où est la nouveauté de LeSS est que les équipes peuvent envoyer un observateur vers la Daily Scrum de l'autre équipe si elles travaillent ensemble.

A la fin de l'itération, le Product Owner convoque l'ensemble des parties prenantes pour présenter le l'incrément réalisé par les équipes lors de la Sprint Review LeSS. Comme pour le Sprint Planning 1, chaque équipe envoie ses ambassadeurs pour effectuer une démonstration et recueillir les retours clients sur le produit.

Chaque équipe mène ensuite sa Sprint Review classique.

Pour finir, le Sprint Overall Retrospective se déroule entre le Product Owner, les Scrum Master et les Managers.

Des managers ? Oui, car LeSS considère que le management d'une société est partie prenante dans l'amélioration du fonctionnement. Il ne s'agit pas d'un nouveau rôle mais un état de fait.

Le rôle du management dans LeSS est de voir la globalité des travaux menés et de développer la capacité de l'entreprise à livrer les produits. Il doit aider l'équipe LeSS et les Scrum Master à supprimer les obstacles et réaliser des améliorations.

Par exemple, un Scrum Master constate qu'un membre de l'équipe à des problèmes personnels et que de manière temporaire, on devrait lui accorder un télétravail. Seul le management et les ressources humaines peuvent y répondre. La réunion ensuite se déroule avec la liste de questions classiques des rétrospectives :
- Est-ce que les équipes travaillent bien entre elles ?
- Avons-nous bien appliqué les pratiques de la méthode ?
- Avons-nous de bonnes pratiques à échanger ?
- Avons-nous des soucis d'organisation qui perturbent les équipes ?

Pour résumer, LeSS est une version à grande échelle de Scrum à une équipe, et il maintient de nombreuses pratiques et idées de Scrum à une équipe :
- Un seul Product Owner
- Un seul Product Backlog (car il s'agit d'un produit et non d'une équipe)
- Une seule Definition Of Done commune pour toutes les équipes
- Un incrément de produit potentiellement livrable à la fin de chaque sprint
- Plusieurs équipes multifonctionnelles
- Un Sprint unique pour toutes les équipes

Maintenant, voyons le LeSS Huge. C'est une méthodologie d'agilité à l'échelle combinant plusieurs LeSS. Le schéma suivant présente un LeSS Huge constitué de 2 fois 4 équipes Scrum :

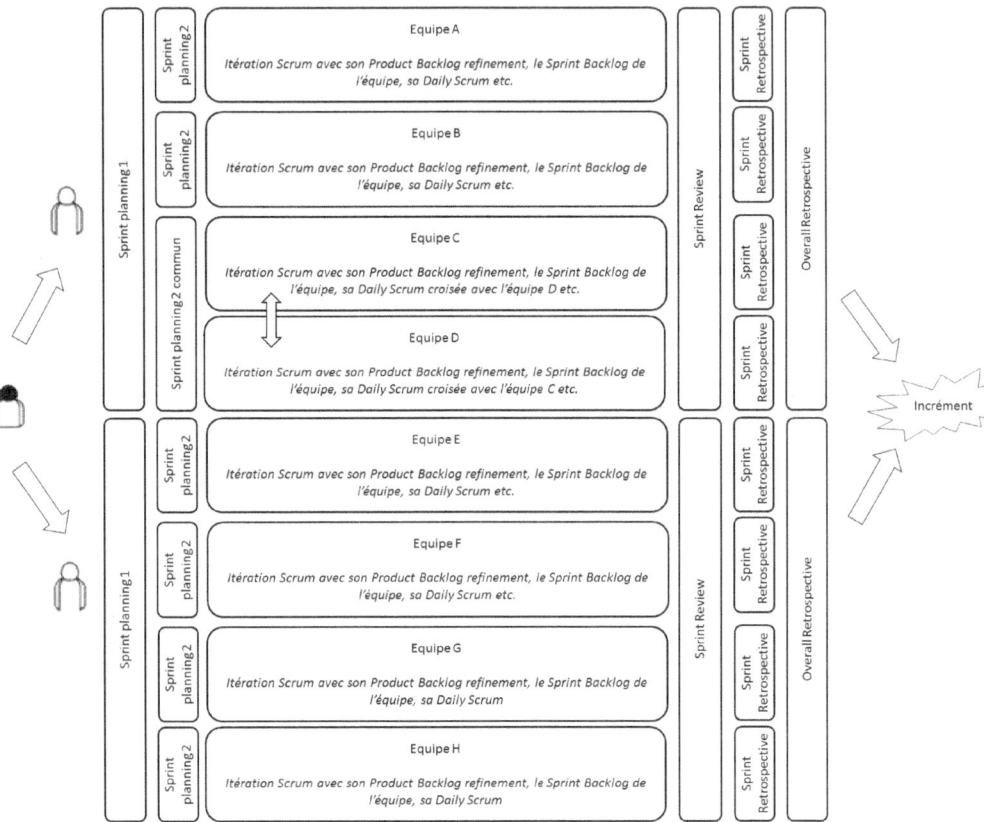

Voyez vous les 2 nouveaux intermédiaires entre le Product Owner et le début des Sprints ? C'est le nouveau rôle introduit par LeSS Huge : les Area Product Owners. Ils gèrent un groupe d'éléments choisis dans le Product Backlog dans un Area Product Backlog. Ces Area Product Backlog concernent un ensemble d'exigences pouvant être groupés d'un point de vue utilisateur/client.

Voici un exemple d'un Product Backlog découpé en Area Product Backlog :

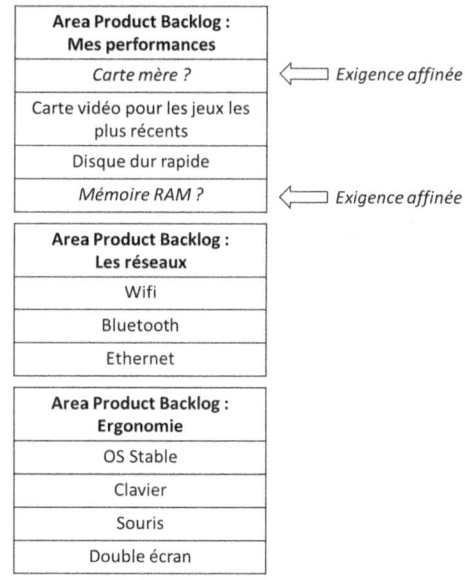

Dans le LeSS Huge, les Product Owner et les Area Product Owner forment tous ensemble une équipe à part entière. Ils vont prendre des décisions sur la priorisation sur le backlog ensemble mais la décision finale reviendra au Product Owner.

LeSS Huge recommande d'avoir au minimum 4 équipes par Area Product Backlog et 10 au maximum afin de garder un équilibre dans la gestion globale du projet. La limite de de 4 équipes permet d'éviter une optimisation et/ou une complexité locales trop importantes dans chaque domaine d'exigence.
D'un point de vu transverse, LeSS Huge conseille de mettre en place des équipes de support (au minimum une), une équipe dédiée au coaching Agile et l'équipe du Product Owner et des Areas Product Owner.

Les différences entre LeSS et LeSS Huge sont minimes. LeSS Huge ajoute une réunion de planification de l'équipe Product Owner avant la réunion de planification du sprint.

La planification du sprint, la revue et les réunions rétrospectives sont effectuées au niveau de l'Area Product, tout comme le raffinement du Product Backlog.

Des Sprint Reviews et des Sprint Retrospectives impliquant toutes les équipes de la même Area Product sont effectuées. Cet examen coordonne le travail et le processus dans l'ensemble du domaine du programme de produits.

Chapitre 13 : la notion de DevOps

Défini clairement en 2009 par Patrick Debois et Andrew Shafer, le mot DevOps est un néologisme et une contraction des mots « Devlopment » (développement) et « Operation » (exploitation).

Venant principalement du monde de l'IT, DevOps cherche à répondre à un besoin simple des clients : je souhaite utiliser votre produit mais comment garantir qu'il va bien marcher avec tout ce que j'ai déjà chez moi ?
Un exemple simple serait l'intégration d'un nouveau logiciel de paie mais qui n'est pas compatible avec le logiciel de gestion des absences ! La valeur apportée au final au client est nulle même si le logiciel, lors des démonstrations, remplissait tous les besoins. Il n'avait tout simplement pas été mis en exploitation.

L'histoire de DevOps part de ce constat : allier le développement d'un produit à la fois sur ce que souhaite le client mais prendre également en compte son environnement et les éléments interagissant avec ledit produit. La méthode DevOps cherche simplement à étendre les principes Agile au-delà des limites du code (dans le monde du logiciel) à l'ensemble du service fourni en exploitation.

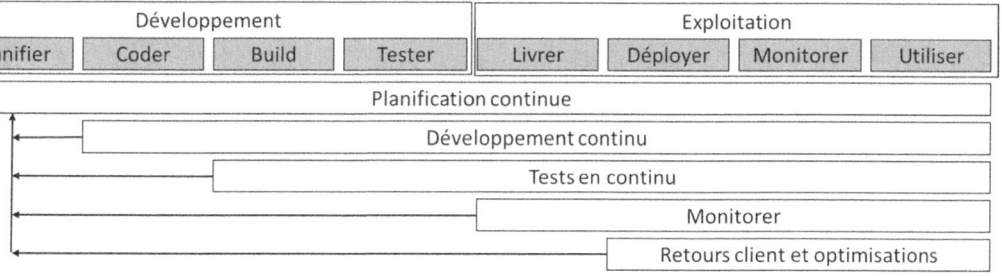

DevOps est une méthodologie ayant a pour objectif de renforcer la collaboration entre le monde du développement et le monde des exploitants. DevOps recommandes comme les pratiques Agile de rendre la communication plus fluide et transparente.

Les pratiques de DevOps recommandent les éléments suivants :
- Un déploiement régulier des produits au sein de leur environnement
- Une mise en place d'un maximum de tests en amont
- Réaliser ces essais dans le futur environnement d'exploitation
- Automatiser au maximum ces essais
- Tout comme vu dans d'autres méthodes, faire une intégration continue
- Une prise en compte rapide des retours utilisateurs
- Un monitoring de l'exploitation du produit

DevOps ne définit pas par contre pas de méthodologie de développement Agile. N'importe laquelle des méthodes vues précédemment peut être intégrée dans un processus appliquant DevOps alors que d'autres méthodes que nous verrons dans les chapitres suivants intègrent directement DevOps dans leur cadre.

Chapitre 14 : le modèle Spotify

Issu de l'entreprise du même nom, le modèle Spotify s'est rendu célèbre par sa simplicité de mise à l'échelle. Il se définit de la manière suivante :
- Des équipes appelées Squads.
- Un groupe d'équipes organisées dans une tribue (Tribe).
- Les chapitres ou Chapters : des personnes exerçant dans chaque équipe de la même Tribu se voient chaque semaine (le chapitre des Product Owner par exemple).
- Des Guilds regroupant des personnes intéressées par un sujet (par exemple la guilde des Scrum Master, comprenant les Scrum Master mais aussi des personnes intéressées par ce rôle), au-delà des tribus.

Chaque équipe est prévue pour être une mini-startup autonome, avec un Product Owner agissant comme un mini chef d'entreprise pour son domaine de fonctionnalité. L'intention étant qu'une équipe doit avoir toutes les compétences nécessaires sans avoir besoin de compter sur une autre équipe pour réussir son produit. Les équipes sont composées de 5 à 7 personnes et d'un Product Owner. Chaque équipe est libre d'utiliser la méthode de travail de son choix.

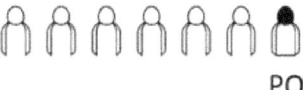
PO

Les chapitres regroupent les personnes qui, dans chaque équipe, partagent les mêmes rôles. L'objectif est de partager la même vision au sein de la société. Il faut garantir que chaque équipe, malgré les méthodes de travail différentes, maintienne une cohérence globale au sein de la tribu.

Les tribus représentent plusieurs équipes qui travaillent ensemble sur un même thème global. Le modèle conseille de ne pas dépasser les 80 personnes afin de garder un dimensionnement humain raisonnable.

Le schéma ci-dessous représente une tribu et le chapitre des Product Owner au sein de celle-ci :

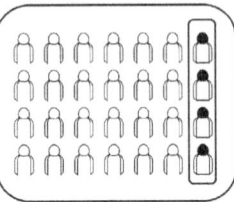

Les guildes Spotify sont des chapitres au-delà des tribus. Elles rassemblent les personnes de mêmes compétences dans l'ensemble de l'entreprise pour qu'elles puissent régulièrement partager ensemble sur des sujets similaires afin de s'aligner sur une même vision, s'accorder sur les projets, les objectifs et les résultats.

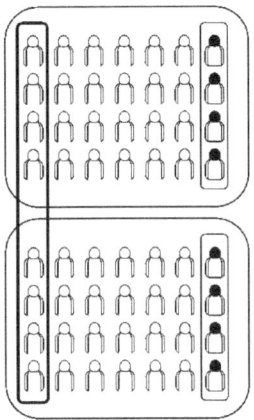

Le modèle Spotify demande une limitation au maximum des dépendances entre les équipes mais aussi entre les tribus. Pour identifier les dépendances et les supprimer, chaque équipe remplit régulièrement un tableau des dépendances. Celui-ci liste les dépendances actuelles et futures et leurs statuts (intra ou inter tribus, bloquantes ou maîtrisées...).
Pour maximiser l'indépendance des équipes, Spotify se concentre aussi sur la relation entre développement et opérations. Des Operation Squads ont été mises en place chargées de donner tous les outils nécessaires pour effectuer leur livraisons (infrastructure, scripts, routines...).

Spotify cherche à minimiser les gros projets demandant la collaboration de plusieurs équipes pendant plusieurs mois. L'entreprise essaye de limiter au maximum ce genre de projets en les divisant en plusieurs petits projets lorsque cela est possible. Dans le cas contraire, Spotify demande la tenue de daily meetings entre les équipes concernées, et la mise à jour quotidienne du tableau des dépendances.

L'amélioration continue est également une part de ce modèle : l'entreprise encourage la formation en continu des collaborateurs de par son organisation en Chapitre et Guildes mais aussi via les formations classiques. Mais la méthode Spotify va plus loin en mettant en place des artefacts et cérémonies dédiés. La première cérémonie est le Squad Health Checks : une auto-évaluation trimestrielle qui permettent à l'équipe d'évaluer la qualité de leur travail. Cela permet à l'entreprise de déterminer quel support apporter à chaque équipe, et les points d'amélioration des processus pour l'ensemble des équipes. En faisant une analogie avec Scrum, on peut dire qu'il s'agit d'une Sprint Retrospective à l'échelle de l'entreprise.
Tout comme Google, Spotify prévoit pour chaque collaborateur du Hack Time. Les employés de l'entreprise peuvent dédier 10% de leurs temps de travail à faire ce qu'ils souhaitent : expérimenter de nouvelles méthodes, se former, lancer un nouveau projet, individuellement ou en équipe.
Suivant les équipes, ce Hack Time peut être définit comme une demi-journée par semaine ou une Hack Week toutes les 10 semaines, avec une démonstrationà la clé. C'est ce genre d'évènement qui a permis chez Google de mener à la création de Google MAPS.

Spotify encourage le Fail Fast, Learn Fast. Les équipes et les collaborateurs sont poussés à expérimenter, à prendre des risques, mais surtout à apprendre de leurs erreurs. Les échecs et incidents font l'objet de Post-Mortem, des ateliers de rétrospective pour éviter le même échec à l'avenir.
Les équipes dispose d'un Fail Wall, sorte de tableau qui permet d'identifier les échecs et de les traiter comme des tremplins pour s'améliorer.
L'autre élément est le Improvement Board. Sur celui-ci, sont notés les principaux obstacles rencontrés et les actions mises en place pour les éliminer.
Les équipes mettent aussi en place des Definitions of Awesome : cela représente l'objectif-cible de l'équipe en termes de processus de travail.

Pour finir, Le modèle Spotify insiste sur les livraisons de MVP (Minimum Viable Product), des nouvelles fonctionnalités qui permettent d'être testées rapidement et de récolter des retours des utilisateurs.

Chapitre 15 : Dynamic Systems Development Method (DSDM)

La plus populaire des méthodes Agile à l'échelle est SAFe mais bien avant, en 1994, une des premières méthodes Agile a été structurée au Royaume-Uni : DSDM Dynamic Systems Development Method.
Tout comme SAFe et DAD que nous verrons après, DSDM a une vision couvrant toute l'entreprise. DSDM se base sur 8 principes :
- Se concentrer sur les besoins de l'entreprise
- Livrer à temps
- Travailler de manière collaborative
- Ne jamais compromettre la qualité
- Construire des bases saines
- Développer de manière itérative
- Communiquer de manière continue et claire
- Faire preuve de contrôle (principalement en cadençant les évènements)

DSDM couvre l'ensemble de la vie d'un produit et se démarque des autres méthodes par son approche en intégrant plusieurs rôles autre que le développement pur du produit. Le schéma suivant représente DSDM :

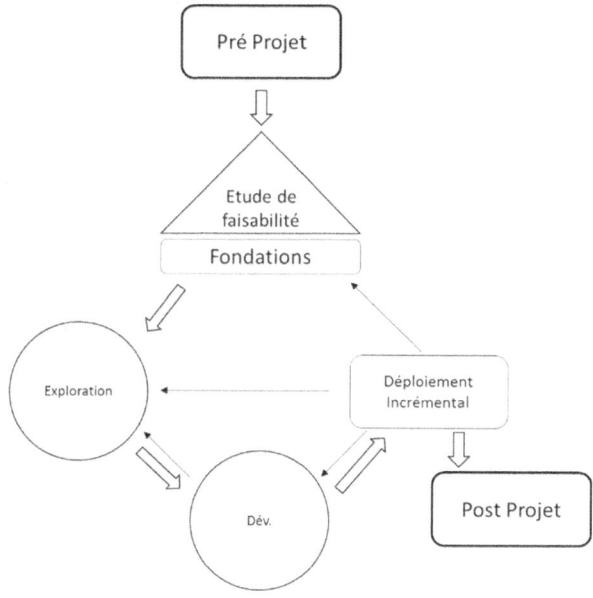

DSDM définit plusieurs techniques à utiliser. La notion de Timebox demande de décomposer le projet en portions, chacune avec un budget fixe et une date de livraison. Pour chaque portion, un certain nombre d'exigences sont priorisées et sélectionnées. Le temps et le budget étant fixes, les seules variables restantes sont les exigences (cf. le triangle du Périmètre, Temps et Coût de mon premier livre). Ainsi, si un projet manque de temps ou d'argent, les exigences avec la priorité la plus basse sont omises. Mais cela ne doit pas signifier qu'un produit non fini est livré. DSDM recommande le principe de Pareto selon lequel 80% du projet provient de 20% des exigences du système.

L'acronyme MoSCoW est une technique de hiérarchisation des éléments de travail ou des exigences
- MUST have
- SHOULD have
- COULD have
- WON'T have

DSDM recommande de prototyper, c'est à dire mettre en place des « proof of concept ». Ils permettent la découverte en amont de problèmes et aux futurs utilisateurs de tester le système. De cette façon, une bonne implication des utilisateurs finaux est réalisée comme dans toute méthodologie Agile.

Chaque incrément de chaque itération demande à être testé. L'objectif étant de garantir une solution de bonne qualité au long de chaque itération. DSDM étant une méthode indépendante de la technique, vous pouvez choisir votre propre méthode de gestion des tests.

La notion de Workshop est très importante. Il faut rassembler les parties prenantes du projet pour discuter des exigences, des fonctionnalités et faciliter la compréhension mutuelle.

Une spécialité de DSDM est sa demande de modélisation des activités. Elle doit permettre de visualiser un domaine métier et d'améliorer sa compréhension. Produire une représentation schématique d'aspects spécifiques du système ou du domaine d'activité en cours de développement permet aux personnes extérieurs de mieux le comprendre.

Enfin la gestion de configuration : avec plusieurs livrables en cours de développement en même temps et livrés de manière incrémentielle à la fin de chaque timebox, les incréments et leurs contenus doivent être bien gérés pour éviter les erreurs.

DSDM définit également beaucoup de rôles dans son implémentation qui vont chercher au-delà de la technique pure :
- Business Sponsor : responsable de l'analyse de rentabilisation et du budget du projet
- Business Visionary : représente le Business Sponsor en communiquant la vision du projet et en interprétant les besoins.
- Project Manager : responsable de la coordination de haut niveau du projet
- Technical Coordinator : assure la cohérence technique entre plusieurs équipes
- Business Analyst : facilite la relation entre les techniciens et les professionnels, et entre le projet et l'équipe.
- Technical Advisor : donne aux équipes des conseils ad hoc sur les aspects techniques.
- Business Advisor : donne aux équipes des conseils ad hoc sur les aspects métiers.
- Business Ambassador : apporte des connaissances métier aux équipes.
- Team Leader : Responsable de la coordination au sein d'une équipe
- Solution Developper : charger de développer le produit
- Solution Tester : valide la solution
- Workshop Facilitator : facilite les workshops entre les différents rôles
- DSDM Coach : aide à utiliser la méthode DSDM.

Dans certains cas, plusieurs personnes peuvent jouer le même rôle, et parfois, une seule personne peut jouer plusieurs rôles. Ces différents rôles peuvent se grouper par nature suivante :
- Le business : Business Sponsor, Business Visionary, Business Analyst, Business Advisor et Business Ambassador
- Le management : Project Manager, Team Leader
- La partie technique : Technical Coordinator, Technical Advisor, Business Analyst, Solution Developer et Solution Tester
- Le process : le Workshop Facilitator et le DSDM Coach

Chapitre 16 : SAFe (Scaled Agile Framework)

Actuellement, SAFe est la méthodologie à l'échelle la plus demandée par les entreprises. SAFe est une solution très complète (certains diront trop et trop rigide...) permettant de faire travailler plusieurs équipes Agiles ensemble.

SAFe a été créé en 2011 par Dean Leffingwell pour fournir une agilité à grande échelle au sein des départements informatiques et même de certaines entreprises. Cette méthode est un ensemble de modèles issus de méthodes Lean et Agiles. On y retrouve les concepts comme Scrum, des pratiques Lean/Kaizen, le concept de flux de développement produit, un suivi Kanban, des méthodes de développement issues de XP, des notions DevOps, etc.

En terme d'échelle, SAFe est conçu pour un minimum de 50 personnes jusqu'à plusieurs centaines. Le concept fondamental de SAFe est la notion d'Agile Release Train.

Dans ce livre, nous allons principalement nous concentrer sur cette notion. Il existe une immense bibliographie sur Internet avec des présentations sur la méthodologie, mais je préfère me concentrer sur la notion clé d'Agile Release Train ainsi que les rôles associés.

L'Agile Release Train (ART) est la constitution d'une grande équipe qui travaillera ensemble sur une chaîne de valeur (un produit dans son ensemble). Cet ART est constitué de plusieurs équipes Agiles, des parties prenantes et des profils transverses nécessaires à la réalisation.

L'Agile Release Train devra contenir l'ensemble des compétences nécessaires pour réaliser le produit et assurer le déploiement en continu, tout comme pour un Scrum classique.

On définit un ART de la manière suivante :

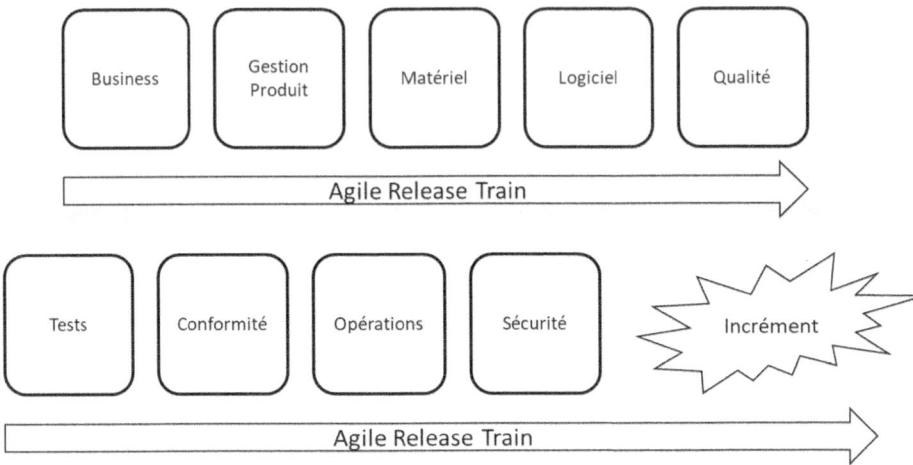

Afin d'assurer cet ART, un certain nombre de règles sont nécessaires :
- La raison d'être de votre ART : pourquoi en a-t-on besoin ?
- L'ART planifie son travail lors des événements de planification appelé PI Planning de façon périodiques. Cette réunion rassemble tous les membres de l'ART pour favoriser la communication face à face.
- L'ART a des récurrences fixes, déterminées par la cadence du Program Increment (PI) choisi. Si une fonction n'est pas prête, elle sera décalée au prochain ART.
- Chaque ART livre un nouvel incrément du produit via la cadence définie. Une démonstration du produit dans sa globalité permet une évaluation du travail réalisé. Le résultat est un incrément intégré de toutes les équipes (on peut rapprocher ceci au Sprint Review, mais n'oubliez pas, un Sprint Review est plus qu'une démonstration).
- Les équipes constituant l'ART ont une même synchronisation et ont des itérations communes définies par une date de démarrage et une durée.
- La plupart des personnes dont l'Agile Release Train a besoin sont consacrées à plein temps au train, quelle que soit leur structure hiérarchique fonctionnelle. Ceci est conforme à Scrum qui demande que les équipes ne soient pas multi projets.

SAFe introduit 3 rôles clés au niveau de la gestion (le trio de gouvernance).

Le Release Train Engineer (RTE) s'occupe du cadre méthodologique. Il y a également le Product Manager qui est le responsable de la partie fonctionnelle et le System Architect qui est le responsable de l'architecture produit.

Le RTE dispose de plusieurs responsabilités dont un rôle de facilitateur et de coach. Il doit faciliter les ART de plusieurs façons.

Tout d'abord au niveau du PI Planning, il aide à la préparation de la vision et le backlog. Il s'assure également de la qualité des entrants qui lui sont fournis par les Product Managers et System Architects. Il aide à la synthèse des PI Objectives des équipes et de les partager via le Program PI Objectives. Le RTE doit aussi aider à l'alignement de la vision du Product Management justifiant le prochain ART. Il communique sur les dates des itérations et des Program Increments.

D'un point de vue coaching, il amène le trio de gouvernance et les équipes à l'amélioration itérative de leur processus. Il propose également d'aider les équipes à aller vers une intégration continue des différents éléments. Il s'agit d'un véritable rôle de Scrum Master. Il aide l'équipe dans l'optimisation de la valorisation du produit. Il escalade les obstacles rencontrés aux personnes pouvant agir et les suit. Tout comme un Scrum Master aidant au Daily Scrum, le RTE facilite les ART Sync (réunions de synchronisation des Scrum Master et Product Owner).

Il construit avec les équipes une démarche basée sur les utilisateurs finaux (UX : user-experience). Il doit amener les équipes à créer des communautés de pratiques et faciliter les System Demo.

Le Product Management est l'équivalent d'un Product Owner. Il a la responsabilité du Product Backlog. Ils sont chargés d'identifier les besoins des clients, de hiérarchiser les fonctionnalités, de guider le travail et de développer la vision et la feuille de route du produit.

Lors du PI Planning, le Product Management présente les fonctionnalités les plus prioritaires du backlog du programme. Les équipes agiles du ART examinent ce qui peut être réalisé en fonction de la capacité des équipes, des dépendances et des connaissances techniques. L'équipe de planification travaille ensemble pour définir les objectifs généraux du PI. Sur la base des résultats de la planification des PI, le Product Management met à jour la feuille de route et ajuste les prévisions pour les deux prochains PI.

Le System Architect est responsable de la définition et de la communication d'une vision technique partagée par toutes les équipes pour un ART. Il doit garantir que le système ou la solution en cours de développement est adapté à l'objectif fixé par le Product Management.

Ils décrivent le contexte, analysent les compromis techniques éventuels, et déterminent les principaux composants et sous-systèmes. Il identifie les interfaces des sous-systèmes et les collaborations/dépendances entre eux. Il a également un rôle clé sur la définition des exigences non fonctionnelles. Enfin, il doit, dans un cadre économique, analyser les impacts des décisions de conception.

SAFe introduit également de nouvelles réunions dont nous avons eu un aperçu, mais que nous allons détailler.

Chaque ART commence par le PI Planning. Les PI Planning ont lieu à une cadence fixe. Lors de la planification PI, les équipes estiment ce qui sera livré et mettent en évidence leurs dépendances avec les autres équipes. Les résultats sont les objectifs du ART qui va être lancé, ainsi que les fonctionnalités attendues et estimées.

Le Scrum of Scrum (attention, cette notion est différente de la méthode vue précédemment) est un événement hebdomadaire (ou plus fréquemment, selon les besoins). Le SoS aide à coordonner les dépendances et offre une visibilité sur les progrès et les obstacles de chaque équipe de l'ART. Le RTE et les représentants de chaque équipe se rencontrent pour évaluer leurs progrès vers les jalons et les objectifs du PI.

L'événement dure de 30 à 60 minutes et est suivi d'une ou plusieurs petites réunions (les Meet After) si nécessaires où les personnes qui doivent collaborer sur des problèmes spécifiques se retrouvent. Comme pour les méthodes précédentes, on y retrouve les questions :
- Est-ce que les équipes travaillent bien entre elles ?
- Avons-nous bien appliqué les pratiques de la méthode ?
- Avons-nous de bonnes pratiques à échanger ?
- Avons-nous des soucis d'organisation qui perturbent les équipes ?

D'une manière similaire au SoS, une PO Sync est organisée entre les Product Owner et le Product Management avec les mêmes contraintes temporelles (de 30 à 60 minutes) et les mêmes récurrences de tenue. La PO Sync peut également être suivie de Meet After pour résoudre les problèmes. Cette réunion peut également être utilisée pour préparer le prochain PI et inclure le raffinement du Product Backlog.

Un System Demo est une démonstration du produit durant 1 heure (recommandé par SAFe) dans sa globalité, et permettant une évaluation du travail réalisé. Le résultat est un incrément intégré de toutes les équipes. Cet évènement SAFe se réalise avec l'ensemble des parties prenantes, la présence des PO et Product Manager, le System Architect/Engineering et quelques développeurs des équipes.

SAFe recommande d'effectuer le System Demo après la fermeture des Sprints de chaque équipe et conseille le déroulement suivant :
- Une revue du contexte business et les objectifs PI (5/10 minutes).
- Une description de chaque nouvelle fonctionnalité avant la démonstration (5 minutes).
- La démonstration de chaque nouvelle fonctionnalité (20/30 minutes)
- Une identification des risques et obstacles actuels
- Une discussion avec les parties prenantes/utilisateurs afin d'obtenir des retours
- Faire une synthèse de l'avancement, des retours et des actions à mener

Le Sprint Demo fait parti de ce que SAFe définit comme le Inspect And Adapt (I&A).

Il a beaucoup plus à dire sur SAFe ainsi que les autres rôles et pratiques associées, mais cette première présentation permet déjà d'avoir des bases sur cette méthodologie. SAFe est régulièrement mis à jour et les dernières versions intègrent les processus issus de DevOps.

Chapitre 17 : Disciplined Agile Delivery

DAD est une méthode très récente formalisée dans « Choose Your WoW ! » écrit par Scott Ambler et Mark Lines (WoW pour Ways of Working).

Tout comme DSDM et SAFe, DAD cherche à étendre le principe de l'agilité à l'ensemble de l'entreprise. DAD définit un cycle de vie complet d'une solution agile.

Comme Scrum, le DAD traite du leadership, des rôles et responsabilités et de la gestion du changement des exigences du client. Mais là où Scrum s'arrête, cette méthode aborde également d'autres aspects importants du développement logiciel tels que l'architecture, la conception, les tests, la programmation, la documentation, le déploiement etc.

DAD intègre également les méthodes préconisées par DevOps pour traiter le cycle de vie complet du produit. Le schéma suivant vous permet de comprendre DAD :

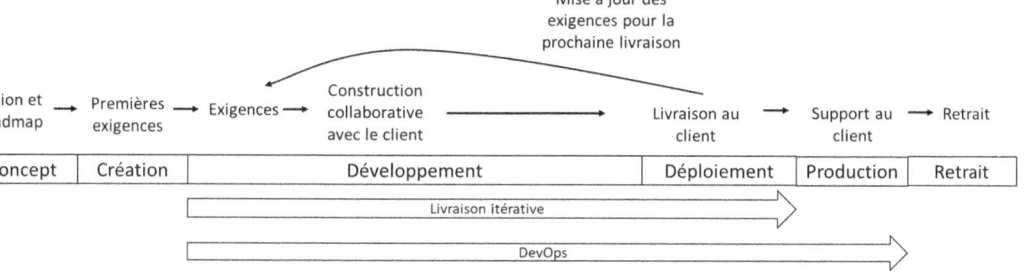

DAD se décompose en 3 phases couvrant les étapes précédentes :
- La phase dite d'Inception couvrant les phases de concept et de création
- La phase de Construction intégrant la phase de développement et de déploiement
- La phase de Transition couvrant la phase de production jusqu'au retrait du produit

La phase d'Inception a pour but d'identifier la vision du projet et amener l'ensemble des parties prenantes à un accord autour de la vision produit et sécuriser le financement.

Elle cherche également à identifier la stratégie technique initiale, les exigences initiales, le plan du projet et identifier les risques. De former une première équipe pour commencer les travaux.

La phase de Construction a pour objectif de produire un produit potentiellement utilisable par le client.

De répondre aux besoins changeants des parties prenantes et se rapprocher le plus possible d'une première solution déployable dont l'amélioration sera itérative.

La phase de Transition s'assure que le produit est prêt pour sa mise en production. Que les parties prenantes sont prêtes à recevoir la solution et de déployer et surveiller la solution en production (principe du DevOps).

Alors que de nombreuses méthodes agiles se concentrent sur ce que DAD appelle la phase de construction, la grande force de DAD (à mon sens) est de fournir plus de conseils dans les domaines de la conception et de la transition (DevOps).

Suivant le type de projet, la méthodologie recommande d'utiliser un ou plusieurs des cadres ci-dessous :
- DAD Lifecycle – Agile basé sur Scrum
- DAD Lifecycle – Lean
- DAD Lifecycle – Continuous Delivery Agile
- DAD Lifecycle – Continuous Delivery Lean
- DAD Lifecycle – Exploratory (Lean Startup)
- DAD Lifecycle – Program (Team of Teams)

DAD Lifecycle – Agile est le plus simple à appréhender pour les personnes ayant déjà pratiqué Scrum/XP. Il s'agit tout simplement de suivre la méthodologie Scrum en prenant en compte les recommandations de DAD pour les phases Inception et Transition.

DAD Lifecycle – Lean est tout simplement une version de ce que nous avons pu voir précédement : Scrumban (sans phase d'itération). L'objectif est de produire à flux tiré et de prendre en compte lors de votre projet les remarques pour les phases Inception et Transition.

DAD Lifecycle – Continuous Delivery Agile est extrêmement semblable à DAD Lifecycle – Agile à la durée de l'itération près. Alors que DAD Agile permet des itérations de 1 mois (issu de Scrum), DAD Continuous Delivery Agile se pratique en itération d'une semaine.
Cette méthode est conseillée lorsque le travail reste relativement stable dans une itération à une autre, une équipe stable dans le temps et pour des projets où il est essentiel de mettre rapidement une version du produit disponible chez le client.

DAD Lifecycle – Continuous Delivery Lean est la suite de DAD Lifecycle – Lean ou de DAD Lifecycle – Continuous Delivery Agile. L'équipe ayant été stable depuis plusieurs temps et le projet bien avancé, il n'y a plus besoin des phases d'Inception ou de définir des itérations pour livrer le client.
Cette méthode est la plus dure. Elle suppose une équipe stable ayant parfaitement compris les méthodes de développement de son produit, le cadre des méthodes agiles et sachant parfaitement ce qui doit être fait. Personnellement, je ne la recommande pas car elle demande un haut niveau d'expertise à la fois de l'équipe mais aussi du management.

Le DAD Lifecycle Exploratory ou Lean Startup est quasiment la définition de la phase d'Inception de DAD. Ce cycle est à utiliser en amont d'un projet où différentes personnes ont de nouvelles idées de produits mais ne sont pas sûres de ce qui est réellement nécessaire. Il leur est donc nécessaire de comprendre rapidement le marché grâce à des expériences d'apprentissage avec de potentiels clients.
L'objectif de ce cycle est de créer rapidement un Minimum Viable Product (Produit Minimum Viable) et soit, de confirmer un potentiel, soit d'échouer rapidement et de minimiser les pertes.

DAD Lifecycle – Program (Team of Teams) décrit comment organiser une agilité à l'échelle comme SAFe, LeSS et Nexus que nous avons vu précédemment. Cette méthode définit 3 axes : le travail à mener, l'architecture et les équipes. Chacun de ces axes ayant besoin de coordination.

Commençons par les équipes. DAD indique que les équipes choisissent elles-mêmes quelle méthodologie de travail elles souhaitent appliquer (principe du « Choose your WoW »). DAD indique néanmoins qu'il est possible d'imposer certaines contraintes aux équipes, comme suivre des orientations communes et des stratégies communes autour de la coordination au sein du programme (si vous avez bien suivi, on peut par exemple définir un Definition of Done minimum).

Les équipes peuvent être des équipes basées soit sur des fonctionnalités (comme en FDD) du produit, soit sur un sous-système du produit. Si on prend par exemple un téléphone, on pourrait définir :

- Soit une équipe s'occupant du logiciel et une s'occupant du téléphone physique : philosophie du sous système
- Soit une équipe s'occupant par exemple de la fonctionnalité « j'allume mon téléphone » et qui s'occupe de définir où et comment est placé le bouton sur votre téléphone et s'occupe du logiciel derrière

Abordons maintenant la coordination. DAD définit 3 axes qui sont pilotés par les Product Owners, les Architecture Owners et les Team Leads.

La première coordination se fait au niveau des Product Owners de chaque équipe. Ils abordent entre eux les problèmes de gestion des travaux à mener et des exigences afin de minimiser les dépendances entre les équipes.

Les Architectes Owner doivent eux définir une architecture commune du produit que l'ensemble des équipes devront respecter.

Les Teams Leaders auront pour rôle de gérer les problèmes de personnes survenant entre les équipes.

Ces trois équipes de coordination ont aussi pour rôle de se réunir entre elles afin de planifier les axes des prochains travaux (ces réunions sont semblables à la planification d'incrément de programme de SAFe).

Team of Teams aborde également les problèmes d'intégration des incréments des différentes équipes. La majorité des tests doivent avoir lieu au sein des équipes. L'intégration et les tests du système se déroulent en parallèle. Team of Teams met en place une équipe distincte pour effectuer l'intégration globale du système et les tests inter-équipes dont le travail devrait être minimal et idéalement entièrement automatisé dans le temps (on retrouve ici l'influence de XP dans DAD).

Il existe encore beaucoup de chose à dire sur DAD et le Project Management Institut (célèbre pour sa certification Project Management Professional) a également créé de nombreuses certifications sur le sujet :
- Disciplined Agile Scrum Master (DASM) Certification
- PMI Agile Certified Practitioner (PMI-ACP) Certification
- Disciplined Agile Senior Scrum Master (DASSM) Certification
- Disciplined Agile Coach (DAC) Certification
- Disciplined Agile Value Stream Consultant (DAVSC) Certification

Bibliographie :

Scrum Guide :
The Scrum Guide (2020), Scrum.org

Kanban :
Kanban - L'approche en flux pour l'entreprise agile
Laurent Morisseau, Pablo Pernot

Extreme Programming :
Extreme Programming : A gentle introduction
Don Wells

TDD / ATDD / BDD :
Test Driven Development : By Example
Kent Beck

FDD :
Java modeling in Color with UML
Peter Coad, Eric LeFebvre, Jeff De Luca

Crystal :
Agile Software Development : The Cooperative Game
Alistair Cockburn

Skunk Works :
Skunk Works : A Personal Memoir of My Years of Lockheed
Leo Janos, Ben R. Rich

Scrum of Scrum :
http://jeffsutherland.com/papers/scrum/Sutherland2001AgileCanScaleCutter.pdf

Nexus :
The Nexus Guide (2018), Scrum.org

LeSS :
Large-Scale Scrum: More with LeSS
Craig Larman

DevOps :
DevOps - Intégrez et déployez en continu
Ernesto Leite

SAFe :
SAFe 5.0 Distilled : Achieving Business Agility with the Scaled Agile Framework
Richard Knaster

Disciplined Agile Delivery :
Choose Your WoW !
Scott Ambler, Mark Lines.

Bravo ! Vous êtes allé jusqu'au bout ! Vous avez maintenant une bonne vision de ce qui existe aujourd'hui comme cadres de travail agile.

Le livre vous a plu ? N'hésitez pas à me partager toutes vos remarques et à prendre contact sur ma page Facebook :
https://www.facebook.com/SeFormerAgile/

N'hésitez pas, non plus, à laisser une évaluation positive si ça vous a plu (sinon abstenez-vous SVP ☺) ! Avoir des retours est une puissante force de motivation pour continuer mon travail.

Merci !

Printed in France by Amazon
Brétigny-sur-Orge, FR

15233526R00047